EL LIBRO DE LA ABUNDANCIA

Dinero Poder Amor

Sunny Nederlof y Bas Buis

También disponible en:

Inglés
978-90-78560-07-4 (paperback)
978-90-78560-10-4 (ebook)

Holandés
978-90-78560-04-3 (paperback)
978-90-78560-00-5 (ebook)

Alemán
978-3-00-042852-4 (hardcover)
978-3-00-042853-1 (ebook)

Español
978-90-78560-08-1 (paperback)
978-90-78560-09-8 (ebook)

Traducción: Juan Carlos Toriz Nava
Editora: Olga Irma Toriz Navarro
Portada: Bas Buis
Ilustraciones: Bas Buis
Previamente publicado en Holanda
ISBN 978-90-78560-09-8 (ePub)
ISBN 978-90-78560-08-1 (Paperback)

*Este libro se ha escrito y publicado, con los mejores cuidados; ninguno de
los autores o editoriales, han dado informaciones falsas o incompletas, en
cualquier circunstancia dentro del contenido.*

ÍNDICE

AGRADECIMIENTO

Nos gustaría agradecer a nuestros amigos, conocidos y estudiantes, por todo lo que hemos experimentado juntos. Cada experiencia contribuyó de forma única al nacimiento y existencia de este libro.

También nos gustaría agradecer a Juan Carlos Toriz Nava, por su apoyo y su acertada traducción al español.

Para cerrar nos gustaría agradecer al guía Argef; ya que sin su sabiduría y sus respuestas claras, el método y el libro no se hubiesen completado.

PARTE I

Prefacio

Todos entendemos los significados de "carencia" y "abundancia", pero, pocos saben cómo lograr abundancia en sus vidas y cómo evitar caer en la pobreza y por ende en la carencia.

Si quieres saber, cómo atraer la abundancia a tu vida, y lo más importante, cómo mantenerse en ella; entonces Dinero, Poder y Amor puede ser la adquisición más preciada que hayas hecho.

La carencia y la abundancia no son cuestión de suerte y que sucedan por no haber errado, pues una persona puede llegar a tener un mejor comienzo en su vida que otra pero, el futuro lo decidirá por medio del pensamiento consciente, y lo más importante, por el conocimiento consciente de las tres leyes naturales que tratan sobre los tres temas básicos de Dinero, Poder y Amor. También queremos hacerte saber que las cosas materiales y las aspiraciones espirituales; absolutamente pueden pasarse de una mano a otra, por ello nos gustaría empezar con el conocimiento de las leyes naturales, las cuales aprenderás una por una, y con las que podrás definitivamente ¡Cambiar tu vida!. La gente no necesita estancarse en un mundo común, en donde se sientan "seguros".

El éxito y la abundancia están al alcance de todos

Estás leyendo este libro por alguna razón; sin embargo sabes que hay una gran cantidad de textos en librerías y en el internet, sin embargo elegiste éste.

¿Qué te llevó a tomar esta decisión?

Quizá fuiste atraído por el tema o alguien te lo recomendó;

alguien, quien sintió, que seguramente estás listo para ello.

¡No hay nada mejor que darte esta oportunidad!

Introducción

Durante la lectura te llevaremos a un viaje, a un excitante viaje; donde hablaremos de las tres leyes naturales, las que juntas son la fuerza impulsora de los elementos formadores de la corriente interna, que llevamos todos en nuestra vida diaria.

Este método trae:

- Más abundancia en tu vida.
- Preparación para tener mucho dinero y darte las herramientas necesarias para usarlas apropiadamente.
- Más poder en tu vida. El poder que te da la seguridad en ti mismo, la tranquilidad para mejorar tu salud y el poder para hacer lo que tú quieras.
- Más amor en tu vida.
- Menos problemas relacionados con el dinero, el poder y el amor.
- Poder y energía positiva, la cual, trae nuevas posibilidades.
- Ideas para los asuntos terrenales, así como la realidad más espiritual de nuestra existencia.
- Conocimientos e ideas para ayudar a que otros tomen decisiones más conscientes, e influenciar lo mejor en sus vidas.

La conexión entre el amor, el poder y el dinero, la cual no creías posible, pues muchas veces estas tres formas son subestimadas; en éste comprenderás que son unos de los conceptos de vida, más fascinantes; y que esa conexión si existe.

Sabrás que hay una relación entre las tres leyes naturales (en donde gobierna la abundancia, la cual compartiremos contigo más adelante) y la manera en la que vivimos; y una vez que sepas y sientas realmente como el dinero, el poder y el amor funcionan, serás capaz de explicar tu propio pasado, tanto como las memorias más dolorosas, como también las más positivas; pudiendo dar respuestas a preguntas como: ¿Por qué sucedió esto?, ¿Por qué en particular a mí?

Parece que existe una relación directa entre la manera de cómo la gente maneja el dinero, el poder y el amor con los problemas como: los divorcios, relaciones difíciles entre las parejas, vidas sin esperanzas de amor, interminables problemas de dinero, economías en crisis, quiebras, las pérdidas en el mercado de valores, solicitudes de trabajo rechazadas e incluso hasta el estado inmunológico deteriorado.

Fue un gran éxito, desde la primera vez que nos enseñó y explicó el significado de Dinero, Poder y Amor; pues las reacciones provocadas por ésta forma de pensar por el curso y el libro, fueron totalmente imprevistas, provocando con ello nuevas ideas espontáneas, cuyos puntos de vista han ayudado a muchos y han sido una "revelación" también.

Después de haber leído el libro de la Abundancia, conocerás el verdadero significado del amor, lo que lleva en sí, y serás consciente, del conocimiento de las leyes espirituales del universo

Dinero, Poder y Amor

Estos son los tres elementos básicos que forman nuestra sociedad: Dinero, Poder y Amor, ¿Por qué aparecen y desaparecen juntos? y ¿Porqué existen personas que obtienen lo que sea, más fácilmente que otras? Bueno, aquí discutiremos la forma en la cual, tú mismo, puedes cambiar afortunadamente esto. Verás lo simple y lo excitante que es poder utilizar estas tres formas básicas, una vez que aprendas cómo.

Dinero, Poder y Amor, es relativamente un método simple de aplicar, aunque no lo es, cuando se dejan venir las "viejas ideas", (pensamientos y patrones a los cuales estás acostumbrado). Quizás en ocaciones, el método, te hará enfadar; lo que nos gustaría pedirte que no desistas, que continúes y no te rindas. En otras ocasiones te confrontará con situaciones, que después de haber obtenido nuevas ideas, las quieras revaluar como "errores". Aprende esto: No hay errores, de hecho, sólo hay experiencias, por lo cual te pedimos que continúes. El método te sorprenderá por la simplicidad de cómo trata las leyes naturales, que estás por conocer; aquí también te pediremos continuar y tratar de llegar más allá de esas ideas. El material te llevará a ideas más profundas, en las que te mostraremos ¡Lo que son realmente las tres formas básicas! Incluso te seguiremos pidiendo que continúes...viviendo con esas ideas ¡alegres y enriquecidas! Dinero, Poder y Amor es para toda persona, quién finalmente quiere saber cómo funciona todo. No se trata solamente de leerlo y de entenderlo, si no de adoptar un estado mental en el cual seas capaz de manejar el dinero, el poder y el amor hasta mejor que antes, y así podrás fácilmente y por encima de todo, integrarlos en tu vida diaria, de una manera más natural y sin estrés.

Práctico

Dinero, Poder y Amor es un método práctico, el cual no cae en las viejas frases: "ahorra y serás rico" o "no gastes más de lo que ganas". No importa, que tan ciertos estos dichos puedan ser; entran en el ámbito limitado del pensamiento y se caracterizan como "viejas" maneras de pensar. Este libro te dará la posibilidad de adquirir un nuevo y sensible estado mental, con amplio espacio para el dinero, el poder y el amor, un lugar en la vida, el cual no se tiene que conquistar, y eso es más que evidente. El método te da una visión, te lleva paso a paso a un viaje iluminado hacia la verdad universal de nuestra existencia.

Para entender realmente al dinero, al poder y al amor y aplicar el método, que te presentaremos, dejarás de luchar en la vida. Te permitirá vivir desde un estado de abundancia en el cual, el ser tú mismo, se te hará más fácil y disfrutarás más de la vida.

Al comprender este material, te será claro, que el dinero,

el poder y el amor no son temas difíciles o complicados de entender, están colmados de alegría, son sencillos y ¡Llenos de vida! Y también son ¡generados fácilmente!

Para sentirse rico, ser rico y sobre todo conservar la riqueza, ¡No nada es complicado! Y como el método de este libro que compartiremos contigo, es muy fácil, todos pueden hacerlo. Dinero, Poder y Amor va mucho más allá, que las experiencias comunes y de las características de la sociedad. Se trata del verdadero significado de Dinero, Poder, Amor y de las leyes del universo.

El libro de la Abundancia va mucha más allá que las experiencias y características del poder, del dinero y del amor en la sociedad

Habla sobre el verdadero significado del amor, y sobre las leyes espirituales del Universo

¿EN DÓNDE ESTÁS SITUADO AHORA?

Empezaremos inmediatamente con nuestro trabajo práctico, éste es simple, pero, es un ejercicio muy importante. Al final de este libro, e incluso a lo mejor antes, apreciarás este ejercicio al máximo. Se convertirá en una de las revelaciones más importantes y cruciales en tu vida.

Ejercicio:

Escribe con tus propias palabras, lo que piensas del dinero. ¿Qué es lo que sientes, muy en el fondo, cuándo piensas en dinero? Tómate un tiempo, para crear una frase en donde incluyas la palabra dinero, y también la palabra "yo" o "a mi".

Por ejemplo:
Yo pienso que el dinero…. o: El dinero para mí es……
Asegúrate de que tu frase sea lo más corta posible, que no sea más de dos lineas; Toma tu tiempo al pensar, si pasan por tu cabeza, más significados y frases, elige entonces la que se te haga más cómoda. No es necesario de que suene bonito, bien hecha o de que suene como un poema, no te fijes en cómo suena, o lo que otros piensen de ti. Escribe una frase por que la vas a necesitar.
(No leas nada más adelante, hasta que hayas escrito primero tu frase)

Espacio para escribir tus frases:

Fecha: Tu nombre:

Frase 1

Frase 2

Frase 3

A continuación harás algo con tu primera frase. Escribe de nuevo tu frase, debajo de la que acabas de hacer, pero ahora con un pequeño cambio, quita la palabra dinero y reemplázala por la palabra poder. Aunque la frase llegue a sonar rara, o se sienta también rara, o aunque sintieras que no te hace justicia como persona, ¡No cambies nada!

Debajo de esa frase, repetirás la misma frase, pero con otro pequeño cambio; reemplaza la palabra poder por la palabra amor, de nuevo, no cambies nada más, ni siquiera cambies o agregues un sinónimo que pueda tener el mismo significado, y hacerte sentir bien.

Ahora da un vistazo a las tres frases. ¿Cómo sientes la primera frase? Tú mismo la creaste; no se puede negar lo que vino totalmente de ti.

¿Cómo sentiste la segunda frase? Esta segunda, puede llegar a sentirse un poco extraña e "irreal". Quizá, puedas querer culparnos por la segunda frase, porque si hubieras podido saber antes….

En la tercera frase, se puede llegar incluso, a sentir más rara que la anterior. -Pero, eso no es para nada, lo que pienso acerca de el amor ¡Qué ridículo! ¿Qué clase de ejercicio es éste? ¡Como si se pudiera comparar al dinero, al poder y al amor con cada uno de ellos!-

No te molestes, el hecho de que se sienta o se vea rara, no la hace menos cierta. Te mostraremos lo que ésto es exactamente, de todo lo que se trata y te garantizamos más tarde que compartirás alegremente los ejercicios con tus familiares, amigos y conocidos. Sin embargo, te recomendamos esperes hasta que hayas leído el libro, completamente.

Repaso de tus frases

¿Qué fue lo que dijiste y cómo te sentiste, ahora que escribiste las tres frases?

¿Realmente te sientes enojado e irracional? Entonces, tienes una frase de la primera categoría:

- Yo pienso que el dinero es sucio.
- Yo pienso que el dinero es una necesidad maligna.
- El dinero es la raíz de todo mal.

¿Te sientes ligeramente enojado o indignado? Entonces, tienes una frase de la segunda categoría:

- El dinero no es importante para mi.
- Hay cosas más importantes que el dinero.
- El dinero no compra la felicidad.
- No necesito realmente al dinero.

¿Te da una sensación de confusión? Entonces, estás teniendo sentimientos encontrados y condicionales, ésta es la tercera categoría:

- El dinero no es importante para mí pero, desafortunadamente es necesario.

- Si tuviera la oportunidad de escoger entre el dinero y la felicidad, sé cual escogería.

- El dinero es necesario y muy práctico, pero absolutamente no es lo más importante.

- El dinero no compra la felicidad pero te hace la vida más fácil.

¿Tienes un sentimiento neutral en tu frase y carece de emociones? Entonces, te encuentras muy dentro del estado de vida "aburrida", cuarta categoría:

- Sólo necesito dinero para vivir.

- Tengo un sentimiento neutral hacia el dinero.

- El dinero no significa mucho para mí.

- El dinero solo es para gastarse.

- Sólo necesito dinero para pagar mis cuentas.

A lo mejor, sientes un poco de esperanza y deseo de independencia, quinta categoría:

- El dinero me compra libertad.

- Para mí el dinero es libertad y facilidad.

- Para mí el dinero significa cero preocupaciones.

Como un sentimiento, pero sin emoción ni sentido, o ¿cómo un rechazo directo en tu propia frase? Eso

significa, "emociones seguras" y distancia, sexta
categoría:

- El dinero es fácil.
- El dinero me da posibilidades.
- El dinero no es ningún problema para mí.

O ¿Sientes una sensación de alivio en tu frase? Entonces,
perteneces a la séptima categoría, satisfacción:

- Siempre tengo suficiente dinero.
- El dinero hoy en día es importante.
- He aprendido a valorar el dinero.

Y la octava categoría, la última, es la de alegría:

- Amo al dinero.
- El dinero es una parte fantástica de mi vida.
- Me deleito teniendo dinero.

Toma tu tiempo, y estudia las diferentes categorías. ¿Cuál
de ellas en términos de sentimientos, se acercó más a tu
frase? Por supuesto, que tu frase es única, pero va a
coincidir con alguna de las categorías, sea cual sea tu
frase y su categoría ¡No te preocupes! Después de haber
leído este libro, tendrás mucha visión para el dinero, el
poder y el amor, hasta tu frase llegará a tener

completamente otro significado. En cuanto empieces a pensar de esta forma en tu vida diaria, notarás que tu frase no es más que una reflexión de la misma y de que ¡Cambiará continuamente! En ocasiones, se trata de una simple palabra, y en otras, se trata de toda la frase completa.

En una ocasión, marcamos por teléfono a una buena amiga para hacerle la misma pregunta, antes de marcarle, los dos ya estábamos muy seguros de cuál sería su respuesta, ella no estaba en casa, así que entonces tuvimos a su hija en la linea. Durante la conversación decidimos hacerle la misma pregunta, y a ella le pareció un buen reto. Después de la conversación, le pedimos que le pidiera a su mamá de regresarnos la llamada, en cuanto llegara a casa, también le pedimos que no fuera a decir nada sobre la pregunta, antes de que nos llamara. Ella prometió no decirle nada, e incluso, ya había creído adivinar la respuesta de su mamá;

¡Dándonos exactamente la respuesta, que pensamos que su mamá nos daría!

El significado del dinero está tan relacionado a lo psicológico, ¡Que hasta uno puede saber lo que un amigo, o un pariente va a contestar! Por eso, no tiene caso hacer "más adornada" tu frase, la cual realmente así sientes desde el principio. El tratar de ser espiritual, mentir un poco, el estar avergonzado del significado y el sentirse culpable; todas son razones para querer modificarla por algo que tu corazón está sintiendo verdaderamente. Sin embargo, todos son conscientes de que cuando dicen algo, ¡Terminan haciendo otra cosa!

Explicación de la categoría 1

Si dijiste que el dinero es sucio, entonces tu segunda frase dice que el poder es sucio y como en la tercera frase, que el amor es sucio. No esperes que te digamos que ese no es el caso, porque siempre es ese el caso. Si así lo dijiste, significa que tienes una idea fija en particular y que viene de tu actitud hacia la vida. Esto es una creencia o convicción lo que te hace difícil integrar al dinero, al poder y al amor a tu vida de una manera fácil y en armonía. Al estar diciendo de que el dinero es sucio, ya estás afirmando que no lo quieres tener; que no quieres tener nada que ver con él, y no sabes exactamente que lugar darle en tu vida. Claro, que podrás ahora negar esto y tratar de explicarlo lógicamente, pero si te tomas un tiempo y reflexionas sobre tu vida, entonces descubrirás que es cierto. Protestar un poco es de esperarse.

Explicación de la categoría 2

Si tu frase dice más o menos: "No necesito realmente al dinero", puedes quitarle las palabras "al" y "realmente", y te quedaste ahora con "No necesito dinero". En este caso no necesitas poder, ni tampoco necesitas amor; entonces la frase apunta hacia un estado de soledad, (no es de que te quedes sin familia o sin pareja), solo hay una tendencia permanente de distanciarte a ti mismo del dinero, del poder y del amor. Tú creas esa distancia, al trabajar muy duro, viajar demasiado, o al crearte una imagen "Impecable".

Explicación de la categoría 3

Si tu frase dice "El dinero es necesario y práctico, pero, absolutamente no es lo más importante del mundo", te encuentras en la categoría condicional y de opciones, éste apunta hacia una vida de ir preferentemente a lo seguro y agregando siempre en todo, el "que tal si...", el hecho de que tengas que escoger entre dos extremos, demuestra que no crees en la abundancia incondicional, de que tienes miedo que te vaya a caer un rayo como castigo divino por haber deseado la abundancia sin ninguna limitación; éstos aparecerán en tu trabajo y en tus relaciones evitando de que tomes decisiones que valgan la pena.

Explicación de la categoría 4

Si tu frase dice "Necesito al dinero para pagar mis cuentas en la sociedad", eso significa mucho, significa que le has atado ciertas condiciones al dinero y la más importante es que el dinero existe sólo para pagar cuentas en la sociedad. Si tu escribiste esta frase, siempre estarás agarrado de tu bolsillo, sin importar que tan bueno seas para ganarlo, siempre habrán cuentas que pagar y así acabar con todos tus ingresos (¿No era para eso, tu dinero?) Relaciones y ex-parejas te están costando demasiado: una demanda legal por aquí, un conflicto por allá; si hay una discusión familiar, tú siempre tienes que aceptar la culpa, eres usualmente la persona que llega a quejarse, eres el intermediario; si algo salió mal fue tu culpa. De todas formas no te puedes quejar, porque tu segunda frase dice: "Sólo necesito del poder para pagar mis cuentas", y tu tercera frase dice: "Sólo necesito del amor para pagar mis cuentas"; entonces tiene sentido, incluso, ahora tienes una opción. Puedes estar agradecido de que los deseos que escribiste se estén cumpliendo, o podrías en este preciso momento decidir en replantear totalmente tu perspectiva sobre el dinero, y por lo tanto, del poder y del amor.

Explicación de la categoría 5

Si tú dijiste "El dinero me da libertad", en esencia estás diciendo que tu libertad depende totalmente de la cantidad de dinero que tengas. Eso significa también que no te sientes libre y en un cierto punto te sientes dependiente, dependes de una cantidad de dinero, de poder y de amor. Al cargar este sentimiento de dependencia, te estás auto limitando y siempre encontrarás fuera de ti, a los que crees que son responsables de la situación que estás viviendo; sin embargo, esta categoría es un buen paso para atreverte a disfrutar.

Explicación de la categoría 6

Una frase como la de "el dinero es fácil", describe que vas bien en tu forma de aceptar la energía del dinero pero, en el fondo te detienes por miedo a la crítica de ti mismo o de otros. Esto también será visto en tu vida amorosa, aunque pudieras saberlo ya desde hace tiempo.

Explicación de la categoría 7

Si dijiste "Yo siempre tengo suficiente dinero", Muestra claramente que no tienes ninguna aversión a la energía del dinero, del poder y del amor, y que posees gran confianza en la vida. Un poco más de felicidad, en este feliz hecho, y todo estará en su lugar.

Explicación de la categoría 8

"Amo el dinero", es la categoría más hermosa que podrías desear para ti; claro que cada categoría puede ofrecer magníficos puntos de vista pero, esta frase es digna para decir: ¡Felicidades! ya que representa franqueza, alegría y una aceptación incondicional. Este enorme grado de confianza se reflejará en todo lo que hagas y emprendas, y ¡Beneficiarás a todas tus relaciones personales!.

Como te habrás dado cuenta, una de tus frases está dentro del significado del dinero, lo que juega un gran papel y carga un gran peso. Y aunque puedas seguir en un estado de negación, esta frase establece completamente claro lo que sientes por el dinero, el poder y el amor.

En el siguiente capítulo, la primera ley natural mostrará claramente la relación entre el dinero, el poder y el amor.

Acerca de las leyes naturales

El dinero, el poder y el amor trabajan conforme a sus tres leyes naturales. (son conscientemente llamadas leyes naturales, por que su nombre lo dice, son naturales y trabajan como leyes). Ellas son parte de nuestro mundo y no pueden ser evitadas. Siempre aplican para todos, sin excepción. lo bueno es que no son complicadas, son simples de llamar, de recordar y lo mas importante, ¡muy fácil de aplicar!

Estas leyes naturales son:

- Dinero, poder y amor todas son una misma energía.

- La energía tiene que fluir.

- La energía sigue al pensamiento.

En el transcurso de este libro, aprenderás cada una de las tres leyes naturales. También incluiremos otros capítulos para ser más claros.

Parte II

Primera ley natural: Son una sola energía
Las tres formas:
Dinero
Poder
Amor
La energía puede ser sentida
Realiza una prueba a ti mismo: Señales
La energía es ilimitada

Primera ley natural

El dinero, el poder y el amor son una sola energía...

La primera ley natural es: el dinero, el poder y el amor son una sola energía. Provienen de la misma fuente y responden a las mismas leyes naturales. Claro que el dinero, no es lo mismo que el poder y el poder no es lo mismo que el amor. Sin embargo, son superficialmente diferentes. Son tres aspectos diferentes de una misma energía.

Vivimos en un mundo en donde siempre se a puesto énfasis en las diferencias, y por lo mismo, las diferencias han recibido mucha más atención que las similitudes. ¿Te sientes ansioso todavía? ¿Empiezas a distanciarte de este punto de vista? o incluso ¿Comienzas a sentirte nervioso sentado en tu silla? ¿Estás a punto de poner el libro a un lado? Es posible. En cualquier momento tienes todo el derecho de escoger tu propio camino en la vida, a lo mejor este es un buen momento para escogerlo de una vez por todas. Si te sientes ahogado en una vida llena de decepciones, de confusión, de miseria y dolor, ¿Si desde ahora deseas una vida plena donde fluye la verdadera esencia del amor, con sentimiento de abundancia y con una vida próspera llena de dinero, de poder y amor? Nuestro consejo es ¡Elegir esta última opción!

Si no eres capaz de tomar una decisión definitiva a estas alturas, entonces inténtalo al final de este libro. ¡Simplemente inténtalo, sin ninguna obligación! Siempre podrás regresar a las viejas ideas y valores que tenías hasta ahora, si así lo deseas. Entonces son una sola energía, (no se puede decir esto tan seguido) ya que es muy claro. Al aceptar esta primera ley universal, habrán varias consecuencias.

*La forma en la que tratemos un aspecto,
así serán tratados los demás*

Eso significa que si tienes una actitud despreocupada para el dinero, también tendrás una actitud despreocupada para el poder y también tendrás la misma actitud para el amor. Esta indiferencia se verá reflejada en las relaciones amorosas, los proyectos empresariales, e incluso en tu salud.

Alguien quien odie al dinero también tendrá dificultades para ponerse de pie por si mismo en la sociedad, se sentirá menos apoyado en ella. Hay una gran probabilidad de que alguna persona lo niegue, porque no lo visualiza de esta forma. ¡Todo tiene que ver con la actitud de uno hacia la vida!

¡Los tres aspectos diferentes, van juntos!

Definitivamente es posible tener dinero, poder y amor. ¡No tienes que escoger entre las tres! A menudo escucharás ¿dinero? "sólo dame salud," o "el dinero no puede comprar la felicidad" ¡Desde este momento ya no tendrás que escoger nunca!

Imagínate que estás en alguna situación y sin dinero. por ejemplo: tu madre se encuentra enferma, estarías muy contento si su salud mejorara, no tienes porque sentirte culpable, al admitir que sería muy bueno el tener más dinero, no es el uno o el otro, debes saber que si reconoces el derecho de tener dinero, poder y amor; ¡Eso es lo que pone en movimiento al flujo de la abundancia!, ya que, el deseo de tener el uno o el otro, es lo que que hace que haya desequilibrio, no puedes reemplazar el uno por el otro, pues las tres formas no pueden aparecer por si solas, siempre van juntas. El dinero, el poder y el amor son tres formas diferentes, pero, pertenecen a la misma energía, y que esas tres formas son importantes de igual manera. Si niegas a una de ellas, si niegas el hecho de que son una sola energía, o si te opones a este principio, significa que estás rechazando la energía en conjunto.

Por supuesto podrías negar esto. Cualquiera puede utilizar palabras y teorías fantásticas para jugar con el valor de alguna de las tres formas, y en ocasiones puede parecer que tuviste éxito, pero tarde o temprano la verdad llega; después de todo no podrás engañar al

Universo, solamente a ti mismo. Insistimos no puedes separar a las tres formas: dinero, poder y amor.

El dinero no es una cosa esencial;
es una necesidad

El dinero, es una lógica consecuencia
de tu actitud espiritual

LAS TRES FORMAS DE UNA ENERGÍA

Ahora sabes que el dinero, el poder y el amor son una sola energía. Pero ¿Qué es el dinero en realidad? ¿Cuál es el verdadero poder? y ¿Cuál es el verdadero amor exactamente?

DINERO

Las cosas materiales, particularmente el dinero, se confrontan extremadamente. Usaremos este elemento material como un espejo, como una palanca, para esclarecer tus convicciones, veremos en dónde estás situado. Empezaremos primero con el dinero, por que este elemento de los tres es el que más se considera como material, el resultado, es que la gente de forma individual o en conjunto, le responde de una manera básica: el dinero es tangible. Después de todo, todos lo usan, lo puedes contar, mirar, apilar, ahorrar, llevar y muy fácilmente gastarlo, es una parte de todos en nuestra sociedad, lo quieras aceptar o no, el dinero es algo que trae alegría.

La esencia del dinero

Alguna vez, te has tomado el tiempo de pensar en ¿El valor y significado real del dinero, desde una perspectiva más profunda? ¿Qué es el dinero en realidad? El dinero, claro, es mucho más que solo monedas y fajas de billetes. El dinero es el gran espejo, la gran espada universal de la verdad, el dinero revela la verdad natural de la gente, y cómo podemos interactuar con alguien más. Esto no significa, de que tienes que adorar y respetar al dinero como la cosa más importante en la vida; solo significa que debe de ser valorado por lo que es. Te puede llevar al cielo o al infierno, le puede dar lo mejor a una persona y lo peor a otra.

Psicológicamente hablando, el dinero tiene varias características, una de ellas es que el dinero no falta, pues hay almacenes llenos de él en todo el mundo, el dinero es un pedazo de papel con un valor equivalente, de hecho, el dinero es realmente un acuerdo.

Toma como un ejemplo, la consolidación de muchas monedas diferentes en una sola, como recientemente lo hizo la Unión Europea. Eso También sucedió en Estados Unidos después de la guerra civil. Esas son ilustraciones perfectas y claras de que el dinero no es nada más que ¡Un acuerdo entre las personas! Esta es la manera en la que se originó el dinero. El dinero fue creado debido a la necesidad de un medio universal de intercambio que no fuese temporal, y que no se pudiese echar a perder como el grano, maíz, carne o verduras. El dinero, como un significado de intercambio, tiene la ventaja de que es la forma de energía más directa, por lo tanto tiene mucho más posibilidades; no hay más necesidad de intercambiar una cabra por mantequilla para después cambiarlo por grano, y era eso lo que querías desde el principio. Ésta antigua manera tuvo muchos inconvenientes.

Hay ciertos grupos de personas, que tienen gran repudio al dinero y que han creado sistemas alternativos. Se han dado cuenta de que no podemos regresar a los tiempos de intercambio de elementos no-neutrales: pollos y granos de café, en lugar de eso, han creado sustitutos de dinero como los "créditos." Primero, ese dinero sustituido parece cumplir con las expectativas, pero poco después, de un tiempo, algunos miembros fueron muy exitosos en sus intercambios y prestaciones de servicios teniendo suficientes "créditos" ahorrados de por vida, o para muchos años por venir. Otros miembros prestaron servicios que no fueron de mucha demanda y vivieron en un estado carente por siempre. ¿Te empieza esto a sonar familiar? Todos estos sistemas pasaron por el mismo desarrollo como el dinero. La rueda fue simplemente re-inventada, una y otra vez. Acéptalo como ¡Una expresión amorosa de la energía!

El dinero es simplemente amor, es agradecimiento amoroso por los servicios y productos de los unos a los otros

Si vemos a esta energía en forma de dinero, este agradecimiento cariñoso es expresado en toda transacción, con la participación del dinero. Que trabajaste muchos años para el mismo jefe, y piensas que esta regla no aplica para ti, sin embargo, después de cierto tiempo tu salario va subiendo, incremento de días libres y de otras condiciones laborales, incluso aunque no llegaras a estar muy a gusto con esto, es a tu favor. Y para ser honestos, ¡Seguro que apreciaste ese aumento! Aparentemente consideramos importante el reconocimiento, por lo que hacemos con términos de dinero. Ahora que sabes que todo es una sola energía, eso también es lógico, incluso durante esas negociaciones, se discutió lo mucho que tu trabajo es valorado, en otras palabras, lo mucho que eres apreciado como empleado.

Algunas personas se les hace extremadamente difícil el aceptar de que es una sola energía. Discuten que el dinero no es para nada, importante para ellos, (hasta se volvieron minimalistas). Viven de manera muy sencilla, evitan comprar cosas y prefieren recibir casi todo gratis, regateando en los mercados o haciendo intercambios buscando siempre bajar el precio a todo. Su lema es "¡Todo lo gratis o barato es mejor!" después de todo, el dinero es sucio y mientras menos tengas que ver con él es mejor. Pero, espera, si su objetivo es, tener lo menos posible, contacto con el dinero, en efecto, están muy enfocados en el dinero, y lo están todo el tiempo, si compran o necesitan algo su objetivo será gastar lo menos posible, y si es posible no gastarán para nada. En ese caso, si están totalmente enfocados hacia el dinero. Eso es una absorción TOTAL de dinero.

¡Cuando se habla de dinero, poder y amor,
no se refiere a las cantidades!

El dinero es energía

Hay un dicho que debes haber escuchado o incluso tú lo hayas dicho: el dinero es sucio, solamente un papel impreso que alguien diseñó y nada más. Lo mismo sucede con las monedas, un pedazo de metal impreso. Las monedas y el papel no son nada, pero si son un acuerdo. El dinero es energía. La energía, es sólo energía y no puede estar sucia.

El dinero es una materialización de la intención

Con dinero puedes comprar todo tipo de cosas, puedes apoyar a buenas causas. Cualquier cosa que llegues a hacer con él, ellos estarán felices de recibirlo de la manera correcta. Con dinero puedes mantener y ayudar a tu familia, y a tus amigos cuando se necesite. Aunque llegaras a ver al dinero de dos maneras: como un papel sin alma, (o como lo vemos nosotros) como una forma de energía. El dinero no puede hacer nada por su propia cuenta ¿Estamos de acuerdo? No puede irse caminando por la calle y saltar dentro de la caja de donaciones de la cruz roja. No se lleva a si misma a las manos de los traficantes de drogas. Es literalmente hecho por las manos de las personas quienes lo hacen guiados y mandados por sus intenciones. Entonces cualquier acción buena o mala es motivada por: los pensamientos, intenciones, justificaciones, miedos o por la necesidad no comentada detrás del acto.

El dinero es maravilloso

El tener dinero es algo grandioso, Te da la sensación de que eres amado, te da una sensación de seguridad, te hace sentir que hay un lugar en este mundo para ti y que es necesario para lo que haces y produces. Es muy conocido que en las colonias en donde todos tienen "suficiente" dinero, no hay violencia y pocos problemas, e incluso la salud de los habitantes es mucho mejor y viven más tiempo.

El dinero necesita amor

No comercializamos cosas como semillas o animales, pero ahora utilizamos otras maneras de intercambiar y creemos que no es necesario darle atenciones, que no necesita de amor. ¡Nada podría estar más lejos de la verdad! El dinero viene hacia ti de muy buena gana, sólo si lo tratas bien como a un perro o a un gato, estos no van de buena gana con la gente que no los aman, y si llegaran a ir hacia ellos sabiendo que no son amados, normalmente no se quedan por mucho tiempo, o suelen enfermarse por falta de atención y amor, simplemente se marchan, por tanto te ayudará, si integras el dinero a tu vida de una forma cariñosa y lo cuidas con amor. Hablamos seriamente de lo que puedas literalmente llegar a pensar.

Date cuenta de que ¡La manera
en la que tratas al dinero,

es también la forma en la que
tratas al poder y al amor!

Ejercicio:

Empieza con la decisión desde ahora de ser amoroso con el dinero. Tu puedes simplemente hacerlo, y de estar consciente de estar feliz en cuanto lo recibas de alguien que sea ¡realmente feliz! No como algo que solo pasó y llegó a tu vida, recíbelo con el mismo amor, como el que le darías a un bebé o a un cachorrillo. Deléitate cada vez que vaya en tu camino, cada vez que recibas tu sueldo, cuando te encuentres un centavo tirado en la calle, o cuando te pague un cliente. También sé consciente de quién te lo da, su razón dada, y agradécele de una forma que sea clara, sé muy consciente también de que el dinero no vino solo a tu camino, sino que también el poder y el amor. Pues después de todo, son una sola energía.

Pero ¡Espera!. También significa que hay que ser amable con el dinero a la hora de pagar las cuentas, date cuenta de de que estás pagando, por lo que has recibido, y ¡Sé feliz de corazón por que puedes pagar esa cuenta! Paga concentradamente, con participación, sinceridad y amor: Hazlo cuando comas en un restaurante, en un supermercado, cuando pagues la renta, e incluso cuando pagues una multa por exceso de velocidad. Igualmente cuando lo recibes, debes de estar consciente a quién le vas a dar el dinero, y reconoce su derecho de poderlo recibir. Claramente di "por favor y gracias", atrévete a darte el tiempo para hacerlo, y evita decirlo de una manera en la que no serás escuchado. Finalmente, ¡Mira a los ojos de la persona!, atrévete hacer el contacto a un nivel más profundo, incluso si solo se está hablando de "solo"centavos.

Poder

El poder parece tener menos terrenos que el dinero. Parece ser mucho más vago, y al contrario del dinero, no lo puedes ver de cerca, tocarlo contarlo o ahorrarlo. Nadie sabe realmente como se ve, pero si es realmente notable cuando alguien "lo tiene" o "no lo tiene".

Mucha gente tiene ideas raras acerca del dinero; en forma variada: sentirse macho, hasta comportarse de una manera ruda, en ambos sexos, hombres como mujeres. Si miramos a un nivel mental, parece que las ideas sobre el poder, alcanza desde un control, a una suave persuasión, incluso hasta una ligera manipulación (eufemísticamente: "ser guiado") dentro de la relación de amigos y la relación de negocios. Sin importar cómo estas apariciones, parezcan ser parte de las vidas de las personas, ninguna de ellas tienen que ver con el poder, pero si con el miedo.

¿Qué es realmente el poder? Necesitamos de el poder en nuestras vidas, lo necesitamos si tratamos de alcanzar una meta en la vida. El poder es uno de los ingredientes que necesitamos para poder alcanzar lo que queremos y no ser una víctima más de la circunstancias. El poder llega mucho más lejos. El poder nos da salud tanto psíquica como espiritual, no solamente se encarga de que nos sintamos fuertes, si no de que nos lleguemos a sentir realmente fuertes. Con el verdadero poder podemos confrontar al mundo de una forma positiva, en lugar de tener que batallar. En serio créenos, ¡No hay necesidad de batallar!.

El poder es una vida sin batallar

El verdadero poder se abstiene de la manipulación, de forzar y de la extorsión mental. El poder no es una cosa, no es algo que tu "hagas". Es un estado de ser, es algo de ti, por ejemplo el dinero, es un estado de ser.

Al poder lo sientes muy al fondo

El verdadero poder es amor, es el aceptarse completamente, y en el resultado es la habilidad de poder sentir el amor por otros, completa e incondicionalmente. El verdadero poder, es un estado de ser que existe desde el momento que dejas de criticarte y de despreciarte a ti mismo. Honestamente, el ser realmente poderoso con cada fibra de tu cuerpo y alma es maravilloso. Cuando estás "dentro del poder" te sentirás verdaderamente poderoso, te sentirás energético y abierto para todos. No te sentirás amenazado por nadie ni por nada.

El poder es lo más maravilloso que hay, al experimentarlo te da la oportunidad de brillar como el sol. Lo mejor de haber experimentado el poder es que te convertirás en un modelo a seguir para otros. Al ser poderoso, le das a otros, consciencia -y especialmente un permiso inconsciente- y los estimulas para ser también poderosos. Al tener fuerza interior, te permite ayudar a otros, cuando necesiten ayuda (¡Sin importar cómo! Tu puedes compartir tu fuerza con ellos).

El poder es una fuerza positiva

La gente no puede vivir sin la fuerza, y sin el poder. No solamente conocemos los términos "sin poder" y "débil", que es lo opuesto de "mantenerse con poder" y de "fuerza en tu vida". La fuerza en donde fluye el poder surge por lo que eres, o por quién eres, y no sería nada más un fin por sí mismo. Tener una necesidad obsesiva de adquirir fuerza o poder, es el resultado de una fuerza aparente, causado por la ansiedad, y que sólo tiene el deseo de controlarse a sí mismo. La fuerza entonces, es ego y un resultado orientado. El verdadero poder, incluso da fuerza y también una gran responsabilidad. El hecho de que algunos no puedan soportar esa responsabilidad, no dice nada sobre la esencia del poder y la fuerza.

El poder te hace visible

Es incluso más o menos tangible, la energía en forma de poder es tan conflictiva como la energía del dinero. Mucha gente rechaza la energía del poder antes, de haberla probado, y de darse cuenta de su belleza. En algunas ocasiones, en sus vidas experimentaron con una pequeña prueba de poder y huyeron de él lo más pronto posible.

¿Por qué sucede eso? Al principio, al ser envuelto por el poder, o al sentirse en un estado de poder, puede llegar a ser una experiencia aterradora. Una vez que empieces a experimentar en tu vida con el poder, dejarás de ser anónimo por siempre, perderás la "invisibilidad" ante la sociedad; si estás en un estado de poder, sentirás por primera vez en la vida, lo que significa tener una completa responsabilidad y también lo que significa el ser capaz de soportarlo. Al principio se puede sentir un poco de miedo, en ocasiones se siente tanto miedo, que olvidas que al ser poderoso, podrías usar las reglas relacionadas con el poder. Por que el poder tiene algo hermoso en él. Cuando eres poderoso te sentirás: más vivo, serás más visible para el mundo y tus alrededores, se abrirán puertas de repente, los miedos caerán y es cuando llegarás más lejos de lo que te pareció haber sido posible.

El éxito es común

Es muy importante saber que mucha gente tiene miedo de fracasar, incluso más gente padece del fenómeno menos conocido y llamado como: el miedo al éxito, es decir miedo de ser exitoso, miedo de ser resaltado, el miedo de estar por encima de los demás. Es muy fácil de deshacerse de este miedo: ¡Cuando te acostumbres a sentirte en un estado de poder!

¡Acostúmbrate a esa extraña sensación! A las personas les resulta aterradora la idea de hacerse notar o de ser señalados. Como a los actores, a hombres y mujeres de negocios, y a políticos; saben que pueden sentir miedo al tener todos los reflectores dirigidos hacia ellos por primera vez, y saber que todo va depender solamente de ellos. Puedes sentir terror cuando todo lo que digas y hagas sea visto y escuchado por millones de personas, y no habrá nada ni nadie, en donde puedas esconderte. Después se vuelve rutina diaria el trabajo de un actor, maestro, gente de negocios o político; pues una vez que se vuelven poderosos, desaparece el miedo de ser notado, y de tener completamente la atención del publico. Eso es acostumbrarse al poder, es literalmente: ¡Acostumbrarse a estar de frente a los reflectores!

Mucha gente llega a pensar que esta manera de tratar con el poder, sólo le pasa a ciertas personas y es verdad. Puede que tengas que acostumbrarte al hecho de que eres especial, simplemente poderoso, como el presidente, esa estrella sexy de cine o de música pop. Pero para ser realmente poderoso, no depende de quién eres, o a lo que te dediques. Es cuestión de que practiques el poder con cariño, atención y sin miedo de fracasar. ¡El poder entrará a tu vida si lo haces y dices todo sin reservas ni condiciones! Esta técnica de aprendizaje de cómo utilizar el poder, no fue hecha exclusivamente para las -ya mencionadas arriba-

"ocupaciones destacables" en nuestra sociedad. Es para ¡Todos! Es importante para quien sea que quiera más dinero, poder y amor en su vida, y así acostumbrarse al poder, llevar una vida llena de seguridad en sí mismo y de poder, una vida brillante, llena de compasión y empatía sin sacrificar tus metas o tu humanidad. ¿No sería maravilloso?

Mucha gente, tiene la tendencia de evitar la confrontación consigo mismos. Al sólo evitar al poder sabiendo de que es una sola energía, estarás también evitando al dinero y al amor, pues siempre van juntas las tres. No puedes evitar una de ellas, sin evitar a todas.

¡Mientras más sigas de pie por lo qué eres y por quién eres, más poderoso eres y serás más apreciado!

Aunque el dinero y el amor son en sí, temas sensibles, para mucha gente el poder es incluso un problema más grande. Puede que la gente no hable mucho de ello, pero eso no significa que sea algo menos importante; la verdad es que hay pocas personas muy poderosas. Si estás realmente en un estado de poder y te mantienes en pie por lo que eres, así también en tus opiniones sobre política, Dios, amor y dinero, estarás firme por lo que eres y por quien eres, y al mismo tiempo estás respetando a otros y a sus espacios, para ser ellos mismos. Para estar de pie y pleno de poder por lo que eres y quien eres, no significa realmente de que todos estarán siempre contentos de eso; instintivamente mientras más poder tengas, puedes pensar que recibes menos apoyo de otros. ¿Cómo es que se puede ser temido al ser poderoso? Porque es nuevo, los árboles más altos atrapan más viento y entonces temes del cómo puedan reaccionar tus amigos, familiares y colegas. Es verdad que la gente se apoya constantemente en sus propias "dependencias", y entonces si una de éstas deja de apoyar, llegará a ser problemático para las otras partes.

El poder es una energía estimulante

El verdadero poder es amoroso. Es un estado mental en el cual nuestro ego que es nuestra tendencia de solo enfocarnos en nuestra propia imagen ya no cuenta más. Es un estado mental, en el cual siempre nos atrevemos a ser nosotros mismos, aunque no podamos saber que nos pueda eso traer. Un estado mental, en donde no tememos que otros lleguen a quitar nuestro poder, porque además sabemos ¡Que viene de adentro y nunca podrá ser robado!

Tu puedes aceptar el poder

Lo grandioso, es que cada persona tiene suficiente poder. Tenemos de él si recibimos abrumada abundancia. Tú puedes mostrar a ti mismo cómo hacerlo; cada vez, que sientas que estás perdiendo poder durante una conversación o en una situación de confrontación, pregúntate ¿Por qué está pasando esto? Tienes que sentir muy en el fondo, que tienes el poder suficiente y sólo déjalo fluir, pues el poder nunca se agota, no existen bancos de poder, por lo tanto ¡Nunca podrás estar en números rojos! Por su esencia no tendrás que hacer nada por el, ya que es parte de tu ser.

El verdadero poder es positivo

La siguiente técnica te permite utilizar tu poder de manera eficiente, en otras palabras, de controlarlo, decide que desde AHORA, vas a estar totalmente consciente de cómo vas a manejar el poder. Tú solo decides para quién y para qué usas el poder.

Para utilizarlo bien, es necesario conocer el poder como una forma de energía. El mundo entero está compuesto de energías, incluso ¡Los poderes humanos en la sociedad, no son nada más que energías! La energía puede traer en si misma, dos tipos de cargas, una es positiva y la otra es el bloqueador de la carga. La carga positiva se asegura de que siempre estés en balance con todo lo que te rodee, mientras que el bloqueador de la carga, hace tu vida más difícil y bloquea el flujo del dinero y del amor.

¿Estás en contra de la discriminación? Eso es algo extremadamente noble, sin embargo, esto te cuesta mucha energía. ¿Eso significa que todos podemos decir que está bien discriminar? ¡Por supuesto que no! Cada pensamiento, cada idea esta en contra de algo, y por lo tanto te está costando energía; sin embargo puede ser transformada en algo por lo que estés a favor. Busca dentro de ti y pregúntate: ¿Por quién estoy realmente a favor? ¿Quizás por la igualdad? O ¿Te sientes más a gusto con la frase " Todos somos uno mismo?" Te darás cuenta rápidamente que el estar al favor de algo debes pensar muy bien ¿Por qué estás a favor?, en lugar de estar en contra, por todos lados. En cuanto tu corazón y alma sepan por quién estás a favor, habrás "mandado" tu campo de energía a una corriente, donde fluye con mucha vida dándote energía positiva, en lugar de una energía que solamente te absorbe y vacía toda tu propia energía.

Para algunas personas el hecho de estar a favor de algo, es totalmente diferente a estar en contra de algo, (esto parece ser confuso). La gente piensa que al estar a favor de algo, automáticamente significa que estás en contra de algo más. Pero si estás a favor de la paz, estás solamente ocupándote de ella y con pensamientos pacíficos; en ese momento no estás en contra de algo, si no que estás a favor, o tan pronto te despierte el más mínimo sentimiento de estar en contra de la guerra, estarás enfocado en ella, y la "energía" de paz desaparecerá de tu campo de energía, por ejemplo la madre Teresa vivió su vida de acuerdo a sus principios de paz y amor; si alguien la quería invitar a una manifestación que fuera en contra de algo, recibían una rápida respuesta: no asistiría, pero, si alguien la invitaba a una manifestación que fuera a favor de algo, había la oportunidad de que ella asistiera.

¿Estás en contra de los bienes y posesiones?

¿Sientes en tus entrañas, una gran sensación de injusticia si la gente cuenta con demasiadas posesiones? ¿Sientes de inmediato, la urgencia de decirles a esas personas que sus posesiones son superfluas, y que personas mucho más necesitadas podrían darle mejor uso? O ¿Sufres disgustado, en silencio? Si tu mundo ideal es, el que le da bienestar a todos, entonces empieza a respetar a las personas, que ya lo han obtenido y alégrate por ellos, sin importar qué tan difícil, a veces, pueda llegar a serlo. Te invitamos a que cambies esos sentimientos, por algo, por lo que puedas estar a favor, en lugar de estar en contra, por ejemplo: "Todos tienen derecho a tener una vida maravillosa" o "Les deseo a todos y a cada persona abundancia de poder, dinero y amor."

La pregunta que muchos se plantean sobre la multitud de gente pobre, ¿En dónde y por qué viven en condiciones miserables, siendo víctimas de la corrupción y la opresión: ¿Acaso deberían aceptar su suerte y permanecer como víctimas de sus opresores?

El desear la abundancia para todos, no es lo mismo que dejar que otros te opriman. El problema está cuando te enojas con el opresor, pues esto se vuelve negativo para la abundancia, incluso la gente cree, que la corriente de negatividad que ésta genera, tiene que ver con "levantarse por sí mismo", ese no es el caso, mientras más enojado estés, más contribuyes a la riqueza, poder y felicidad de tu "opresor" y tú te vuelves más pobre. Cada vez que aceptes el papel de víctima, le estás dando todo el poder a alguien más. Y mientras más rápido pierdas poder, también perderás dinero y amor. Ahora lo entiendes, y el tiempo ha probado de que es cierto. Solo al reconocer el derecho de los demás, de tener abundancia, y mientras decides al mismo tiempo, de que tú tienes el derecho de estar en mucha abundancia y de que vales mucho como persona, romperás el circulo.

El no ser conscientes de esas leyes naturales, es la razón por la cual el pobre se vuelve más pobre y el rico más rico; están siendo suprimidos emocional, financiera y económicamente, y su furia y falta de poder simplemente crece más, (Alguien que se sienta oprimido y sin poder, responde desde un lugar sin poder en lugar de desde un lugar con poder), sin importar que tan difícil sea la situación, esa relación puede cambiarse. Esto no solo significa poder en lugar de sin poder, sino también poder en lugar de resignarse sin el poder destructivo de la ira, porque ningún bien viene en forma de ira, enojo o negación. Esa cooperación entre la gente, condena solamente al fracaso.

La envidia de un opresor conduce descontento a los demás: tus vecinos, empleados e incluso a aquellos que están un poco mejor que tú, eso provoca más divisiones e incrementa el poder a los que envidiaste. Esto ultimo sucede muy seguido y está comprobado que no funciona.

A la gente le encanta simplemente la idea de culpa y están esclavizados en echarle la culpa a cualquier cosa, excepto a ellos mismos. Ha habido abusos financieros y los pobres son los que tienen que sufrir, y por ello solemos culpar al dinero, si tenemos una pelea con nuestra pareja culpamos al amor. Al culpar a una de las tres formas de energía es como: si un río estuviera contaminado y le echáramos la culpa al agua.

El culpar a una de las tres formas de energía poder, dinero y amor no resuelve nada

¿Por qué se puede sentir muy bien al estar en contra de algo? Al estar en contra de algo, no sólo te permite expresar tus emociones, también las fortalece y los fomenta. Por ejemplo: las emociones, la insatisfacción, la agresión y la falta de poder. La liberación de tales emociones es saludable, pero es mejor buscar otra manera de hacerlo: actividades atléticas, ver una película de terror, salir a caminar o escribir son muchas formas de sacar lo que está adentro.

En este momento piensa en algo de lo que estés en contra, como las drogas, el crimen, la guerra, o algo como unos vecinos molestos, o de gente que no recoge la suciedad de sus perros. Visualízalo en frente de ti, imagina como están arruinando tu mundo y lo están volviendo inhabitable; fomenta ese sentimiento por unos minutos y piensa lo horrible que son esas gentes, que no te mirarán a los ojos. La adrenalina está corriendo por tus venas, de manera que podrías ir por las calles protestando, o enviarle con enfado una carta de reclamo al municipio. Este sentimiento de "en contra de todo" es señal de que estás desperdiciando toda tu energía. Así de sencillo es despertar y fomentar un sentimiento dentro de uno mismo, e instantáneamente detiene el flujo. Eso es lo que siente el poder, dinero y amor cuando se detiene su flujo de energía.

Este importante principio ha funcionado en toda la gente por todos los tiempos, no hay excepciones. Al estar en contra de algo, estás condenando a gente y sus acciones. Sé honesto, ¿A quién le gusta estar condenado? Eso sólo conlleva a la oposición y a la enemistad, en el que últimamente tú eres la víctima.

ERES UN HIJO DE DIOS

"Nuestro temor más profundo no es que seamos inadecuados.
Nuestro temor más profundo es que seamos poderosos sin
medida alguna.
Es nuestra luz, y no nuestra oscuridad, la que más nos asus-
ta. Nos preguntamos, "¿Quién soy yo para ser brillante, her-
moso, talentoso y famoso?"
En realidad, ¿quién eres para no serlo?
Eres un hijo de Dios.
Que te achiques no le hace ningún favor al mundo.
No hay nada de iluminado en encogerse para que las per-
sonas no se sientan inseguras a tu alrededor.
Nacemos para manifestar la gloria de Dios
que está dentro de nosotros.
Y no está sólo en algunos de nosotros;
está en todos nosotros.
Y cuando dejamos brillar nuestra propia luz, inconsciente-
mente les damos permiso a otras personas
a que hagan lo mismo.
A medida que nosotros nos liberamos de nuestro propio
temor, nuestra presencia automáticamente libera a otros."

1992 - Marianne Williamson
Pronunciado por Nelson Mandela en su discurso inaugural de 1994.

Amor

El amor es la forma más vaga de las tres formas de energía. El amor, el amar, el ser amoroso, el estar enamorado, el ser amado. Todas son formas en donde aparece el amor. El amor es una parte importante de nuestras vidas, usamos la palabra, le damos sentido y sabemos que todos necesitamos de él. El amor anima mucho a las personas, todo el concepto del amor es una de las preguntas más vitales, y su respuesta es completamente diferente, en cada persona. Si miras alrededor y contemplas la vida con regularidad, sin duda habrás notado, que la gente tiene muchas ideas extrañas acerca del amor. ¿Tú ya sabes que es el amor?

Podemos conocer a alguien e inmediatamente sentir profundamente que es la persona indicada, y descubrir en poco tiempo después, de que estábamos completamente equivocados. Somos capaces de durar muchos años en una relación, e incluso vivir con alguien y preguntarnos con regularidad si esa persona realmente nos ama.

El amor puede, intuitivamente ser casi una unión "intelectual" de dos personas, quienes se refuerzan mutuamente debajo de sus máscaras, las que ambos usaron durante años; juntos parecen ser más fuertes, que estando solos, el uno fortalece su "máscara" con el ego del otro, con el fin de evitar algún cambio.

A veces el amor se experimenta como una realización en nuestras vidas, pues al no tener pareja te sientes incompleto, sientes que algo importante en tu vida te está faltando. Claro que el tener pareja es maravilloso, pero primero tienes que encontrar tu felicidad interna; de lo contrario, se convierte en una batalla, el tener una pareja.

Para muchos, la idea del amor es sélo una extensión del sexo; no ven el sexo como el resultado del amor entre dos personas ¡Lo ven totalmente de otra forma! En sus mentes hacen una división entre el amor y la sexualidad. Y eso les permite crear la ilusión de una relación, incluyendo la intimidad física, sin tener que darlo todo y de estar abiertos a un nivel más profundo.

Otros ven el amor no solamente como la cosa más grande y hermosa de la tierra, sino también como algo más allá de su alcance: tan bendito, tan celestial y se sienten tan plenos e insignificantes que hasta creen que el amor no es para ellos. Su imagen es la de un príncipe en un caballo blanco, un caballero con una deslumbrante armadura, o una damisela en un castillo anhelando y esperando por siempre. La gente tiene esperanza, fantasía (lo han leído) pero, muy al fondo sienten que es inalcanzable; No se dan cuenta de que el mejor regalo está ahí, en la tierra para tomarlo. Su esfuerzo por lo "inalcanzable" lo hace invisible.

El amor es irremplazable

Puede que esto te suene extraño, pero a mucha gente le da miedo, morir por amor. Le agregamos implicaciones muy mundanas al amor, o le damos una connotación inalcanzable en lugar de simplicidad, sin reserva, permitiéndole entrar a nuestras vidas. Eso le da una extensa adicción a los "sustitutos", del verdadero amor.

El primer sustituto y más comúnmente usado, es la necesidad de ser reconocido: Reconocimiento al trabajar duro, o el completo reconocimiento a la altura de los deseos o expectativas de tus padres, reconocimiento a través del éxito. La necesidad de ser reconocido es un fenómeno muy extenso. Lo puedes ver claramente en mucha gente joven, en todas partes del mundo. El hecho de no sentirse reconocidos como seres humanos, es no sentirse queridos por la sociedad, llevándolos a una necesidad extrema de ser reconocidos. Todos tratan de llenar esa necesidad diferentemente. En una familia, pueden ver de forma admirable, que te conviertas como ellos, en artista y tener una exhibición en un museo famoso. En otros ambientes, recibirás reconocimiento cuando manejes un cierto tipo de automóvil, o cuando hayas podido comprarte tu propia casa. Sin embargo, en otros ambientes usando ciertas formas de intimidación y fuerza, obtendrás el respeto de tus amigos, todos esos, son sustitutos del sentimiento y experiencias del amor.

Muchos sustitutos así llamados, son adiciones e impulsos, tales como las drogas, los estimulantes, la gula, trabajar demasiado, o incluso engañar a tu pareja. Afortunadamente estamos viviendo en un tiempo maravilloso, en el cual nos podemos liberar de nuestras expectativas y estamos en un tiempo en el cual podemos liberarnos nosotros mismos, de los sustitutos del amor.

El amor es incondicional

Es una trampa en la cual muchos caen fácilmente, cuando desarrollan y nutren al amor, le agregan inconscientemente ciertas condiciones: Empiezas a darle amor solamente a las personas que te lo dan. Tan pronto descubras, que te están criticando por quien eres, por tus creencias o estudios, tiendes a resistirte y retenerte. El amor verdadero va más allá, de amar solamente a los que te amen. Amor es amar a todos como seres humanos, incluso cuando te critiquen. Esto no significa que tienes que rodearte de personas así, pero, si es importante pensar en ellos y tratarlos de una forma cariñosa cuando se crucen en tu camino. Tampoco significa que tengas que comprometer tus valores, el expresar estos valores con amor, es fantástico: Solamente sé honesto y date cuenta que la gente que esconde sus sentimientos y la verdad, no tienen nada que ver con el amor. ¡Muéstrale al mundo, que tus valores, dan amor! y al ser cariñoso.

¡Sé tú el amor!

Reconocerás al amor en ti mismo y en los demás, pues el amor brilla en los ojos de las personas, se puede sentir en cada toque. Es visible en la vida diaria, si eres honrado como ser humano, sin importar quién eres o lo que hagas. El amor siempre promete en él honestidad. El amor nunca critica, el lema del amor, es siempre estar a favor y nunca estar en contra.

Todo es amor y el amor lo es todo

El amor es mucho menos exigente de lo que crees. La gente que se encuentra en un estado de amor, son mucho más felices, más saludables y pueden tolerar mejor los fracasos. Alcanzarás un estado de amor en cuanto te atrevas a decir fuertemente la frase "El amor está en todo", y aceptarlo totalmente sin ningún tipo de reserva. "El amor lo es todo". Está en tu casa, en tu auto, en tus llaves, en tu taza de té y también en ti. Puedes permitir al amor entrar en tu vida, por medio de tus actos de amor con toda buena intención. Entonces no solo experimentarás al amor, si no que también lo eres, y lo sientes con cada célula de tu cuerpo.

Si todavía no puedes sentir que el el amor lo es todo, empieza con una decisión. Ahora mismo y en este momento decide ser cariñoso contigo y con los demás, realizándolo con toda tu intención, aunque no creas saber cómo hacerlo. Puedes practicar esto muy sencillamente: antes de subirte a tu automóvil, acarícialo con cariño, sin importar lo extraño que se pueda sentir al principio. Si tu automóvil recorre miles de kilómetros para llevarte de vacaciones ida y vuelta, puedes agradecerle esto a tu automóvil, en tu regreso a casa, mira alrededor y se agradecido por tu entorno viviente, por el techo que te está cubriendo. Quizá tengas una chatarra de automóvil pero no importa, también se merece cariño: sé feliz con tu fiel vehículo y hónralo por los servicios prestados.

Hasta ahora, hemos mencionado sólo algunos, de la larga lista de cosas, pero este principio también aplica en las cosas pequeñas de tu vida: como al preparar una deliciosa taza de té, tomarla con amor y realmente con toda la intención (disfrutando el olor en cada trago, es un acto de amor) prepara tu comida atentamente y con amor. Este principio puede también ser aplicado en tus relaciones, por ejemplo: la relación de pareja e hijos. Lleva esta actitud al trabajo. Realizas tu trabajo con alegría, siente amor por tu trabajo y sus espacios, colegas y clientes, entonces te darás cuenta de que estás entrando a un nuevo y maravilloso periodo de tu vida lleno de dinero, poder y amor. Se puede despertar la energía, ¡Tú la puedes generar en cualquier momento y en la cantidad que sea!

El poder del amor

El poder del amor, en este caso, el amor a través de pensamientos creados y fomentados con amor es sensacional. Teniendo pensamientos amorosos y positivos, literalmente son curativos, eso es un hecho, pues cada pensamiento crea energía, y como ya sabrás, hay energías positivas, negativas y las que bloquean la energía. Cada pensamiento positivo proviene del amor y por lo tanto trae amor en él. Un estilo de vida positiva trae más amor a tu vida. Asegúrate de tener más pensamientos positivos y como resultado experimentarás más amor en tu vida. Es un ciclo el cual crece fuerte, y muy fuerte, (la desesperación crea más desesperación) por tanto el amor trae más amor.

La energía se puede sentir

El dinero, el poder y el amor son energías, y la energía se puede sentir, incluso otros pueden sentir la forma de cómo, tú piensas acerca de las formas de energía, pues cuando decimos sentir, no nos referimos a que alguien te toque, o te vea por rayos X; nos referimos a la forma en la que nos podemos sentir, los unos a los otros, como seres humanos. Todos experimentan esto a un nivel inconsciente.

Ésto, es claramente reconocible en nuestras vidas diarias. Alguien abre un negocio o compra una casa y pide un préstamo al banco, el cual es rechazado; es muy frecuente la queja de que el banco es arbitrario y no trata a las personas realmente como gentes. Pero bueno, ¿Qué crees? ¡Ellos saben exactamente lo que hacen! Por supuesto, los números y tus ingresos juegan un papel, pero, hay otro factor el cual, es al menos, muy importante: Esas personas sienten cómo manejas tu dinero, poder y amor. La persona que se encargue de tu aplicación de ingresos y escuche tu historia, escucha mucho más que sólo palabras. Eso por supuesto, tiene sentido, porque cómo puede alguien pagar el crédito solicitado, que es una cantidad grande de dinero, si esa persona, no es capaz de manejar esta energía, en este caso, en la forma de dinero.

Lo mismo sostiene la verdad en el poder y en el amor.

Hay gente que no puede controlar su poder, durante una conversación sobre un préstamo específico, o son demasiado sospechosas, y obviamente tienen una relación distorsionada del amor y con la sociedad en general. ¿Cómo pueden esas personas manejar esta energía de una manera sana? en este caso, en la forma de energía.

El dinero, poder y amor también pueden claramente jugar un papel en entrevistas de trabajo. Entras a la oficina, te sientas y tienes un periodo de tiempo muy corto, para venderte a ti mismo, en ocaciones presientes en cuestión de un par de minutos la decisión que se haya hecho, y sientes como si te hubieran estafado; Te vienen todo tipo de ideas como: "No me dieron ni siquiera una oportunidad", o de haber sido juzgado e incluso discriminado. Te sientes realmente fatal por eso. El primer secreto es que usualmente ellos, no se toman dos minutos para hacer esa sentencia, solamente se toma un segundo: el segundo en el que abres la puerta y caminas para tomar el asiento.

Los empleados del banco y gerentes con los que hablamos y que participaron en nuestros talleres, fueron mucho más espirituales de lo que tu pudieras creer. Admitieron (no de buena gana) de que normalmente ellos saben quienes recibirían el préstamo y quienes no, también sabían quienes serían contratados de inmediato y ya con algún puesto específico, y quienes no. Incluso ellos saben hacer mejor su trabajo, utilizando como pauta las leyes del dinero, amor y poder. Ellos perciben exactamente como piensas acerca del dinero, poder y amor. Si piensas que el dinero es sucio y de que es una mala necesidad, radiarás esta actitud: Si piensas ¡"Oh dios mío es mucho dinero, nunca lo obtendré"! tú proyectas eso; por tanto los empleados del banco presienten algo indefinido, y de inmediato se preguntan si eres alguien ¿Quien tiene el poder suficiente para pagar el préstamo de regreso? Y sé honesto, ¿Le prestarías dinero a alguien que odia al dinero? Cómo va a ser capaz esa persona de ahorrar o ganar suficiente lo que odia para poderte pagar el crédito? ¿Le "prestarías" amor a alguien que odia al amor? Cómo va esa persona a generar energía suficiente para dejarla fluir de regreso hacia ti y pagar su "deuda?" Esto es exactamente lo que sucede. Alguien quien tiene dificultades con dinero, poder y amor, y todavía quiere pedir prestado, o que algo le disgusta, o alguien que esté buscando trabajo, en el que, en cualquier evento se necesite poder, y mientras no es, ni siquiera, capaz de evocar amor por su jefe, salario, colegas o así mismo; todo esto, otras personas lo perciben del todo.

Todos ellos están vinculados

Si tú experimentas conflictos, negación o dudas internas, relacionadas con una de las formas de energía (no significa necesariamente, de que será limitada la experiencia en particular). De hecho "el no estar preparado", con respecto a una de las tres formas, conlleva al desequilibrio de las otras dos. Por instancia, las dudas internas del dinero, o incluso el negar su gran importancia, conlleva esto a la pérdida de poder y hasta problemas de salud. La Inhabilidad de crear verdadera a la fuerza interna, puede eso llevar a la inhabilidad de obtener dinero y amor fácilmente.

Señales

Llega un momento en la vida de muchas personas, en donde sus asuntos no se están realizando de la mejor manera, como les gustaría. Eso puede implicar al dinero, al poder y al amor. Los siguientes ejemplos, son algunos de los cuales, indican una alteración en el equilibrio del dinero, poder y amor, aunque estas situaciones normalmente no son nada placenteras de experimentar, te pueden enseñar mucho sobre tu vida en ese momento, y son claras señales, las que puedes aprender a usar.

Gastos inesperados

Algunos podrán ya saberlo, pero eso no lo hace menos real: Cuando aparece un gasto grande, claramente no hay un balance, es un simple ejemplo de que no solamente el dinero se va entre los dedos, si no que también se van el poder y el amor.

Negocios en declive

Cuando un negocio está en declive, es tiempo de examinar de cómo manejas el poder y de cómo manejas al amor ¿Tienen poder tu negocio y tus empleados? ¿Se sigue trabajando el negocio con amor? ¿Vas diariamente con amor al trabajo? ¿Te levantas feliz cada día para ir al trabajo? Desde luego, es posible que le vaya mal a un negocio sin que haya sido tu "culpa", pero ¿Por qué entonces, sigues ahí trabajando? ¿Por qué te sigues sintiendo como en casa en una compañía, con la equivocada clase de energía, o donde hay carencia de energía? Hay que saber que, el amor y la lealtad no es lo mismo, como tampoco lo es, una fe ciega y el fanatismo.

Multas

El ser multado, refleja agresión, prisa y una frustrante experiencia (Si estás peleando en el tráfico, o con todo el mundo) y si traspasas tu propio límite y el de los demás; una multa es la advertencia. Las multas son una confirmación irrazonable, de injusticia, falta de poder y desigualdad, la cual estás experimentando en ese momento de tu vida. Todo lo que experimentas interiormente, lo que todavía no ves o no quieres ver aparece de otra forma.

Más en general

Hecha un vistazo, a la forma de cómo manejas el dinero realmente. ¿Eres temeroso o avaricioso? No te atreves a cobrar lo suficiente por tus servicios, o pides por algo, frustradamente dinero? ¿Por qué continuas perdiendo dinero últimamente? o lo contrario, ¿Por que a los negocios les ha ido muy bien? cuando te respondas estas preguntas, sabrás que estás manejando al poder y al amor de la misma forma.

Si el dinero no te da ninguna pista, ponte a pensar en como manejas el poder. Ya te atreviste en permitirte ser poderoso últimamente? ¿Te atreves a tomar decisiones y responsabilidad por tu vida? O ¿Crees que eso podría aminorar tu situación? El amor es también una manera de obtener ideas dentro de tu vida a este punto llega. Si el dinero no te da alguna pista, hecha un vistazo a la forma en que manejas al poder. ¿Te has permitido y atrevido a ser poderoso últimamente? ¿Te atreves a tomar decisiones y tomar responsabilidad en tu vida? ¿Eres capaz de estimular a otros, para que sean poderosos? o ¿Crees que eso, podría aminorar tu situación? El amor también es una manera de obtener ideas dentro de tu vida en este punto. Si hay dudas en en el amor, hay también dudas en cada molécula de tu ser, y esa duda se refleja en las tres formas de energía, si no te sientes sinceramente alegre, con los acuerdos de tu vida diaria, se verá reflejado como una pérdida de poder y de dinero. Puede, que estés temporalmente atado con lo que tienes, y que tu forma de vivir vaya con la corriente, entonces el dinero, poder y amor vendrán eventualmente. Si en las mañanas sientes que ya no quieres levantarte más, o si no sientes una sensación real de satisfacción, al recibir tu salario, o si la presencia de tu pareja, no te trae alegría alguna si no que sólo, un sentimiento de seguridad; entonces tienes definitivamente un problema con el poder, el amor y el dinero, y si no cambias las cosas, perderás las tres.

¡Claro, la idea es no llegar hasta ese punto! En nuestra vida diaria, estas señales, son nuestro mejor regalo. Ellas son el espejo de nuestro ser interno y de nuestras vidas en general.

La energía es ilimitada

En uno de nuestros viajes, al lejano Este, nos encontramos en una isla tan pequeña que estaba deshabitada y era desconocida totalmente por las masas turísticas. Cerca de la playa había un pequeño restaurante, que era atendido por una pareja. Cada vez que entrábamos al restaurante, veíamos como el lugar radiaba armonía. Mientras uno de ellos saludaba o recibía a sus clientes calurosamente, la otra persona preparaba los platillos más deliciosos, cuando su hijo llegaba de la escuela, abrazaba a su padre y jugando pasaban un rato muy contentos. Fue muy agradable ordenarles a ellos comida, ya que en un lugar como ese, obviamente consumes mucho más que sólo comida. Un par de semanas después, vimos un restaurante similar, pero este radiaba pobreza, el mismo tipo de restaurante, la comida muy similar, el mismo tipo de familia, esa gente miraba a sus clientes muy diferente: sus ojos estaban llenos de envidia y preguntándose a si mismos, el por qué tenían que estar ahí viviendo en el restaurante. Nunca más volvimos a regresar. Dos situaciones muy similares. De acuerdo con las leyes de la sociedad, ellos tuvieron las mismas oportunidades y también las mismas pérdidas de oportunidades, sin embargo, en el primer caso estaban llenos de amor y en el segundo caso no. Se pudo ver claramente que en uno de los restaurantes estaba mucho más lleno de gente que el otro, otro ejemplo es: cuando uno de nosotros enseñábamos Inglés en la escuela local, notábamos que ese niño, por el amoroso ambiente en el que vivía, aprendía con placer y con ojos brillantes llenos de curiosidad, cualquier cosa que este mundo hermoso guardaba. Puedes encontrar casos similares en todas las ciudades, grandes o en cualquier pueblo pequeño; pues no solamente se trata de las cantidades de dinero, poder y amor, si no que se trata también de la manera en cómo manejamos la energía.

Parte III

Segunda ley natural: Tiene que fluir

Recibirlo

Usarlo

Pasarlo

El flujo es uno

Intercambio de energía

Más allá de tu zona de confort

Todos somos uno

Segunda ley natural

Tiene que fluir

La primera ley natural habla, que el dinero, poder y amor son una sola y misma energía. La segunda ley natural es ésta misma energía, y que esté en movimiento: "Fluir." El dinero, poder y amor están constantemente en movimiento: si examinamos con un microscopio cualquier cosa, verás incluso a tu auto, sofá y cama en perpetuo movimiento. No hay cosa alguna, que quede sin moverse. Podríamos retrasar y parar procesos más particulares, pero es imposible detenerlos por completo.

Nuestros cuerpos funcionan de la misma forma, Inhalamos al respirar, tomamos oxígeno, nuestro cuerpo libera otros gases, y exhalamos: lo recibimos, lo usamos y lo pasamos de nuevo. La electricidad funciona de igual forma. Todas las energías responden a la misma ley natural. La electricidad fluye desde la toma de corriente hasta la lámpara, y la lámpara utiliza la electricidad y alumbra con su luz. Después fluye de regreso a la toma de corriente y ahí es cuando se completó el circuito. Si faltara alguno de esos tres elementos del circuito, todo el flujo se pararía. Todo es cuestión, de recibirlo, usarlo y pasarlo.

Las leyes naturales que son: recibir, usar y pasar, se pueden aplicar en el amor, en el poder y en el dinero, entonces es importante poder recibir dinero, usarlo y disfrutarlo para poderlo después pasárselo a alguien más. Lo mismo pasa con el poder: debes ser capaz de aceptarlo sin ningún agobio, de disfrutarlo y también de poderlo pasar a alguien más. El amor responde a las mismas leyes naturales. Tómalo con amor, disfrutado sin tener miedo de que se acabe, y atrévete de pasarle amor, al que está al alado.

Recibirlo

El ser capaz realmente de recibir es un Arte. Algo imposible en las leyes naturales sería sólo recibir y no dar, es una ilusión que te creas para siempre, sin poder recibir. "Me gusta dar pero no soy bueno para recibir", y esto, a lo mejor, podrá ser posible por un periodo muy corto, pues a la larga, agotará tu sistema de energía, y eso nunca es algo bueno.

Sólo puedes pasar, después de haber podido recibir

Puedes aprender a recibir, un ejemplo cotidiano: los halagos. ¿Cómo utilizas los halagos? Si alguien te dijera "Esa es una chaqueta muy bonita" ¿Cómo responderías?

Responderías:
a) "Oh, la tengo de toda la vida."
b) "Me costó muy barata"
c) "¿Lo crees realmente?"
d) "¡Gracias!"

Esto sucede igualmente en el trabajo. Uno de tus clientes te da las gracias y te dice "¡Muy buen trabajo!"

¿Que dirías?:

a) "Solo hice mi trabajo"
b) "Oh, no fue nada en especial"
c) "¿Lo crees realmente?"
d) "¡Gracias!"

Si elegiste a, b o c como tus mejores respuestas, entonces definitivamente sólo estás recibiendo "problemas" ya que, solamente d) significa: gracias por el halago, y el resto sólo significa, que realmente evitas recibir.

Al decir gracias, lo que realmente haces, es agradecer la energía que ha llegado a tu camino. Esto incluso, no es muy habitual para muchas personas y algunas culturas, pues el dar, es considerado como muy común, lo que hace que el agradecimiento sea tomado muy superfluamente. Claro, que el que da dió, pero, el agradecer debería ser muy normal para quien sea que lo reciba. ¿Por que no decir gracias!?

El ser capaz de recibir de corazón y con un sincero "gracias" es muy importante. Las personas que tienen problemas de recibir, tienen entonces también problemas de decir "gracias", y por ello tienen problemas de energía, y se reflejan en si mismos en las tres formas. Conlleva a problemas de dinero, poder y amor. Esto puede afectar no solo individualmente, sino también a las familias, a las sociedades y a los gobiernos. En las culturas donde no dicen gracias, y en donde la gente, no se atreve a mirar a los ojos de las personas con cariño que las dan, tienen un problema inmenso de fuga permanente de energía. Sin embargo, ese estado de carencia siempre los conllevará a tener problemas con el poder, ya que van siempre de la mano. Esta es una causa de pobreza muy importante hoy en día, la que ocurre precisamente en esos países, donde existe una gran brecha entre los ricos y los pobres. Si observamos más a fondo, encontraremos estos casos en culturas y países donde trabajan demasiado, pero sin ningún sentimiento de cariño hacia sus trabajos.

En nuestros viajes al lejano Este, por America Central y Sudamerica, y por varios países de Africa y del Este de Europa, claramente percibimos el gran problema de recibir y de dar, y significa que el flujo de energía se vuelve tan lento, hasta quedar finalmente estancado, y esto siempre afectará a la economía local. Cuando el flujo se "estanca", la gente comenta que hay problemas económicos (justamente como en el Oeste) y tristemente los pobres y sin esperanza en la sociedad, son los que sufren más. Los servicios y productos sin amor, no son queridos y la gente por lo mismo no quiere pagar por ellos, entonces se completa el circulo. Cuándo eres capaz de ser agradecido de corazón y cuando no, cada vez que quieras rehusarte de agradecerle a alguien por cualquier razón; eso dice mucho de tu persona. ¿Te sientes inferior al decir gracias? O acaso ¿Te sientes artificialmente superior, al no decir gracias? Como si fueras a ¡Ser inferior sólo por decirle gracias a otra persona! El agradecerle a alguien, no tiene nada que ver con posiciones: porque si eres rico o pobre, exitoso o fracasado dar las gracias es respetar a quien da, a lo que es dado, y a su propia energía, y además es tener la habilidad de poder recibir.

Incluso al dar las gracias, estás diciendo:

- Gracias por el dinero, es grandioso que lo gastes aquí.

- Gracias por la cooperación, por la ayuda: Tu fuerza me da fortaleza.

- Gracias por tu amor. Estoy feliz de recibirlo, y estoy feliz de que tú me lo estés dando.

Prácticamente estás dando gracias por el hecho de que ¡Este flujo amoroso de dinero, poder y amor están fluyendo en tu camino!.

El intentar ser aceptado

Otra forma de tener dificultades para recibir, es al estar buscando la manera de ser aceptado, es el síndrome de: "por favor créeme, soy agradable." Cada terapeuta, cada persona que empiece su propio negocio, y cualquier empleado de alguna empresa, que negocie con su salario y las condiciones laborales; con esto se confronta. El ser capaz de recibir significa, que vales como empleado o trabajador independiente, sabiendo que tus servicios y productos tienen valor, y sabiendo que vales mucho como ser humano, todo es lo mismo, pues una persona con baja autoestima, nunca se atreverá a preguntarse a si misma, que tanto vale, y siempre tratará con personas que piensen igual.

Deberás de saber que siempre habrán muchas
situaciones y personas que confirmarán
tu propia imagen

Si no puedes recibir, las cosas salen mal: un terapeuta que no le cobra nada a sus pacientes, según para "ayudarlos", los perderá finalmente. Es pura lógica: los pacientes no querrán ser atendidos, por alguien que no tiene total control sobre las cosas como: el dinero, el poder, el amor y del amoroso flujo de energía. Están buscando incluso a alguien que esté, como diríamos, "en el flujo." Eso aplica a los terapeutas, maestros espirituales, hombres y mujeres de negocios, padres, gerentes, atletas y artistas, pues cuando estás en el flujo, eres capaz de comunicar tu conocimiento, tu amor, y de compartirlo con otros, a tu alrededor. Esa es la razón por la cual muchos piensan, que los productos y servicios más caros son "mejores". Por eso al tener altos ingresos, tendemos a tratar a la gente diferentemente.

El recibir proviene del amor

Tienes que recibir con el sentimiento del amor. Te abres al mundo, sabes que vales, tienes una intuitiva sensación, ética, y sabes como comportarte con otras personas. Al recibir, se desintegrará constantemente y por si solo, el miedo de carecer y de necesitar.

En ocasiones es difícil de saber qué es lo que hiciste, pues aparentemente llega hacia ti en forma de dinero, poder y amor, o el por qué terminaste en un estado de miedo, incluso esa distinción no es difícil de hacer. Si algún familiar cercano, te ofrece que compres su casa por un buen precio, eso es un acto de amor.

El querer ganarte el cariño de tu tío, esperando que te llegue a dejar algo; por supuesto que es un acto de miedo. Al aceptar beneficios estando enfermo, por un mes, estás recibiendo el flujo del dinero, del poder y del amor; y el amor va llegando a tu camino. Pero si estás recibiendo apoyos y beneficios, mientras tienes realmente capacidad de trabajar es un acto de miedo. El casarse es un acto de amor. Casarse sin reportarlo por el temor de tener consecuencias de impuestos o de perder tus bienes, es un acto de miedo. Dinero, que es recibido del miedo, sólo da ilusiones materiales, pero, no la felicidad o la verdadera abundancia.

Estas expresiones de miedo, causan un sentimiento de

carencia, y esa sensación de carencia se puede manifestar de muchas formas diferentes, como el no ser capaz de hacerle frente a las presiones del trabajo, miedo al futuro, estar de mal humor, usar el pretexto de que todo el mundo lo hace, y de culpar a otros por que lo tienen todo. De hecho, estos sentimientos sin importar cómo se puedan llegar a sentir, provienen del miedo. Lo puedes ver muy claro. La gente que se comporta así, percibe un mundo lleno de enemigos, y los arma en su propia contra. Incluso les desagradan sus propios jefes y cualquier estancia de gobierno, aún siendo éstos sus fuentes de ingresos, por tanto, se desagradan a ellos mismos. En estos casos, la balanza nunca será rica en dinero, poder y amor, y la batalla que experimentan puede llegar a ser infinita. Es importante saber que el miedo siempre invoca más miedo, y de que el miedo y la carencia no pueden ir juntos con el dinero, el poder y el amor. Eso incluso será reflejado en todos los niveles, y también con los amigos y amantes.

¡Aprende a recibir!

Tú puedes aprender a recibir, y el aprenderlo, no nos referimos a que te sientes y memorices muchísimas reglas, a lo que nos referimos es que aprendas a razonar los siguientes tips en tu vida diaria, y que para ti mismo respondas, de vez en cuando las siguientes preguntas.

- Aprender a recibir halagos
- Vivir en el presente

- ¿Qué recibiste hoy? y ¿Qué fue lo que sentiste?

- ¿En qué momento sientes agobio al recibir?

- ¿Cuándo o en qué momento te llegas a sentir culpable?

Usarlo

El flujo tiene tres facetas: La primera es recibir y la segunda es usar. El usar es un aspecto indispensable. Podemos ver a mucha gente en nuestro entorno, que no puede disfrutar diariamente del flujo del poder, del dinero y del amor. Es también importante saber que el dinero, poder y amor no provienen de algún lugar. ¡Existen porque aman el ser usados!

Asumimos de que ya eres capaz de de recibir, que te has abierto contigo mismo, y hacia los regalos maravillosos del universo, en forma de dinero, poder y amor. ¡Es fabuloso ver llegar a tu camino, grandiosas cantidades de dinero, de poder y de amor! Una de las condiciones para ello es de que tienes que usar la energía. Como cuando la electricidad se convierte en luz, así el dinero se transforma por sí solo en comida, en una casa, o en una donación para alguna beneficencia, etc. El poder se convierte por sí solo, en la creación de una organización, de una familia, o en la realización de un proyecto. El amor se convierte por sí solo, en un sentimiento maravilloso: ser capaz de ser amoroso, o ser capaz de expandir amor y compartirlo con los de tu entorno.

De hecho, el usar a un nivel más alto, significa que la energía se convierte en parte de tu luz interna. Al decir "si", al regalo que llegó a tu camino, estás diciendo que lo mereces y que eres digno de aceptarlo. Desde ese momento, le permites a tu luz brillar completamente sin restricciones.

El usar es también disfrutar

¡El usar y disfrutar van juntos de la mano! Al disfrutar nos referimos literalmente: disfrutar sin ninguna reserva, y sin ningún temor de que al terminarse, sin el sentimiento de culpa de que tu poder llegue a poner a otros como tu sombra; no temer del resultado del cual serás más visible y criticado, sin temor de que tu flujo de amor, el cual estás sintiendo se llegara a terminar. Ser capaz de disfrutar cada forma de energía sin sentirse avergonzado.

Sin sentirse culpable

La culpabilidad y la vergüenza son extraños conceptos, ambas dan la ilusión de que deberíamos de sentirnos culpables, de que deberíamos estar avergonzados de la abundancia, sin importar de cuál forma, bueno, pues ¿Adivina qué? La culpabilidad y la vergüenza, ¡Ambas son falsas emociones! Y sólo se trata de saber disfrutar, sin permitir a estos sentimientos limitarte en ninguna forma. Simplemente sé agradecido de ser capaz de recibir dinero, y de usarlo para algo que creas que necesitas en la vida, y sin tener que preguntar a alguien más, qué piensa sobre eso. Después de todo, es maravilloso ser poderoso al máximo, y ser capaz de disfrutarlo; es entonces un reto que se tiene que hacer, y sin el temor entonces de ser juzgado por otros. Así como la tercera forma de energía: el amor, atrévete a disfrutar espléndidamente del amor, junto con los que te rodean, sin sentirte avergonzado. En pocas palabras, atrévete a usar una energía sin importar cual sea su forma, sin importar en que forma llegue a tu camino, la energía del poder, del dinero y del amor, y si no los abrazas o disfrutas al máximo, te estarás haciendo una injusticia a ti mismo y también a la energía. Al abrazar todo lo que llega a tu camino, no estás reemplazando a otros. La escasez no existe, a menos de que tú lo quieras.

Hay suficiente dinero,
suficiente poder,
y suficiente amor

¡Hay para todos! ¡Solo con abrazarlo, estás en la posición de permitir a otros ser parte de tu abundancia! Entonces disfruta realmente de todo lo que llegue a tu vida, pregúntate: ¿Qué sientes al comprarte un regalo? Por ejemplo: un ramo de flores, un abrigo, una cena muy cara y especial, unas vacaciones a lo mejor en algún lugar exótico, el cual no hayas visitado. Ahora siendo honestos, ¿Cómo se siente?

Disfrutar va más allá de la incomodidad

Reconoces seguramente, algún sentimiento de incomodidad con esto, o puedes honesta y abiertamente decir, que no sientes otra cosa, ¿solamente sientes felicidad? Un ramo de flores, una cena deliciosa, un largo viaje: Amamos el sorprender con mucho amor y placer a otros, o no? Nos sentimos muy bien, si vemos feliz a la otra persona. Ahora intenta sorprenderte a ti mismo. Date un regalo y disfrútalo como otra persona lo haría, date cuenta de que es un regalo, ¡Un regalo del universo para ti! El universo te da un preciado regalo y se ve agradecido, al ver que lo disfrutas.

Al no disfrutarlo, esto conlleva a inmovilizar cosas. Este aspecto viene diariamente en primer plano si miramos nuestros ahorros, ahorramos hasta que es tarde para poder disfrutarlo. Nadie sabe exactamente para qué, pero si alguien pregunta, respondemos inmediatamente con una meta, que queremos alcanzar. Lo más obvio de notar, es que esa meta es a futuro y nunca para el presente. Generalmente ahorramos para nuestra pensión. Debemos estar locos, ¡Ahorrar para algo que ni siquiera estamos seguros de saber si vamos a ser capaces de poderlo usar! La gente ahorra mayormente para una ilusión, esto no significa que te estamos aconsejando de que te vayas a Las Vegas y te gastes apostando, todos tus ahorros de tu pensión, o que totalmente dejes de ahorrar, es una buena idea en ocasiones, revisar y de asegurarte de que las cosas estén en balance. Si sientes que te niegas cosas en el aquí, y en el ahora, para poder lograr cosas en el futuro, entonces la balanza se desequilibra.

Vive el aquí y el ahora

Disfrutar significa quedarse en el aquí y en el ahora: si estás en un restaurante con amigos, y estás solamente hablando de otro, donde todo es delicioso, y de que quieres llevarlos a ese lugar la próxima vez, estás viviendo en un tiempo futuro, si estás de vacaciones, y ya estás planeando las próximas vacaciones, claramente estás pegado al futuro.

En cuanto algo esté dirigido hacia el futuro,
y no sea usado en el presente,
el flujo se detendrá

Si recibes un buen salario y lo guardas todo, evitas la estimulación del flujo por años, y posiblemente el único resultado, sería de que el flujo se detenga eventualmente. Si tienes dificultades al usar, entonces tendrás dificultades para disfrutar. Puedes practicar, viviendo el aquí y el ahora, dándote de vez en cuando, un regalo (si esto se te hace complicado) comienza primero dándote regalos pequeños, y las próximas veces ve agrandando el tamaño de los regalos. Notarás que tu situación económica, el poder en tu vida y las cantidades de amor, los podrás agrandar junto con tus regalos.

Pasarlo

La última faceta del flujo es pasarlo, este es el tercer paso, del ciclo del flujo. Este último paso funciona de igual forma como respiramos: después de inhalar y de usar el aire, llega un momento que, en cuanto se haya utilizado el oxígeno, no harás otra cosa que exhalar. De esta misma forma, es como funciona cada forma de energía. Pasarlo es el tercer paso, del ciclo del flujo, el pasarlo, parece ser muy fácil al principio. Te diriges al centro a ir de compras, y decides probarte todo lo que hay en las tiendas de ropa, o entras a tu tienda favorita y ordenas todo lo que tu corazón llegue a desear. Finalmente, ¡Tendrás una razón al comprar todo lo que tus ojos vean! Desafortunadamente el gastar todo lo que tengas en tus bolsillos, no es lo mismo que el pasarlo, de una forma espiritual. El pasarlo es un acto de amor, es una cuestión de tomar decisiones conscientes en tu vida. Todo se trata de lo que tú das, el por qué y a quién se lo estás dando. Tirar y desperdiciar energía es lo opuesto a la espiritualidad, a la energía y al amor a ti mismo.

Energía es movimiento

La gente recibe en el transcurso de sus vidas todo tipo de cosas. La idea es, usarlas con verdadera gratitud y sin culpas. Después llega el momento de pasar la energía. Esa es la única forma de mantener al dinero, al poder y al amor en constante movimiento. Cuando pare una de las facetas, ya sea el recibir, usar o pasar, todo el flujo se detendrá. Incluso aunque no tuvieras problemas con las primeras dos facetas, pero si con la tercera, la de pasar la energía, con eso sería suficiente para bloquear el flujo, sin importar que tan bueno seas en las primeras dos facetas.

El pasarlo es un acto de amor

Es probable que se te haga familiar el cuento navideño A Christmas Carol, de Charles Dickens. Es una historia que sucede poco antes de la Navidad. Se trata de la verdadera avaricia. Al principio ves como el personaje es muy avaro, frío, solitario y el gran problema que tiene para pasar cosas. La historia sigue hasta mostrar cómo el personaje tiene contacto con la gente de su alrededor, y ellos le muestran con un espejo su imagen para mostrarle su verdadero reflejo, y de lo lejos que estaba del amor. Poco a poco empieza él a retomar la idea de poder amar, su corazón empezaba a abrirse y a ser capaz de poder compartir. Esto estableció un contacto cariñoso con los seres de su alrededor, y él ya se encontraba en un estado de poder sentir el verdadero significado de la abundancia. Lo bello de A Christmas Carol, es que es una maravillosa ilustración del dinero, poder y amor, por que al momento de que el avaro, deja de enfocarse solamente en la falta de dinero, podrás notar que no solamente permite fluir al dinero, sino que también al poder y al amor; en la historia van claramente juntas. Esto es lo que sucede en la vida diaria, cada vez que lo pasas, se abre tu corazón un poco más y haces más contacto con otra parte de ti, y también de los demás. Es la parte que no se manda debido al miedo, es la otra parte de ti, que hace que aceptes a las personas por lo que son.

El dar es también ponerte al descubierto

El dar, es un acto amoroso, se vuelve obvio, si consideramos la idea de exponerte a ti mismo. (Ponerte al descubierto, honestamente y sin peros) estás dándole a otro un pedazo de ti, al acercarte a otro con el corazón abierto, estás dándole a esa persona un regalo maravilloso.

El dar, no es lo mismo que sufrir

En una ocasión nos invitaron a un concierto (no a cualquier concierto) sino al concierto de alguien a quien admiramos mucho por su música y su visión de vida: Carlos Santana. Él también es un gran promotor, que sabe reconocer y utilizar su propio poder interior y las oportunidades de la vida. La invitación fue mandada desde la oficina de Carlos Santana en USA; decidimos en ir. Fue una gran sorpresa, por que los boletos que recibimos eran VIP así que fuimos consentidos con fantásticos lugares, comidas y bebidas. Disfrutamos realmente de la música, mayormente por que vimos a Carlos y a la banda tocar muy concentrados y relajadamente en el escenario, compartiendo su energía con el público. ¡Cada miembro de la banda era en sí mismo, en el escenario! Se dieron espacio entre ellos, estaban realmente conectados y juntos creaban una atmósfera llena de amor. Fue una actuación extraordinaria, una experiencia a gran nivel, que sólo tuvimos con la banda de Carlos Santana. Al día siguiente, un crítico escribió un artículo; donde decía que él no había disfrutado del concierto, que la música era buena, que la banda no había cometido ningún error, pero que todo le pareció muy simple y sencillo. Esto muestra claramente que él prefiere "la manera difícil y complicada." Carlos Santana y su banda tocaron totalmente al descubierto, atreviéndose a ser ellos mismos y exactamente como son en el escenario: sin apariencias o trucos que sólo sirven para fortalecer al ego.

Es una clara ilustración de "forma de sufrimiento", la cual prevalece mucho hoy en la sociedad, La gente cree que el hacer lo correcto, es lo mismo que sufrir, y de negarse a ellos mismos, todo tipo de cosas. Todo lo que venga fácilmente y sin esfuerzo no es un reto para el ego y se le es considerado algo superficial. ¿Que pasaría si la vida solo fuera simple, fácil y buena? El sufrimiento y el sudar; no serían más que un miedo a la abundancia y estaría basado en la definición del ego. Si realmente te encuentras en el flujo, todo llega sin dificultades.

El guiar y dirigir a otros, son formas de pasar el dinero, el poder y el amor. Al sufrir dejas de consumir estas tres formas y por lo tanto, es lo opuesto.

El dar, es un gran regalo

El pasar la energía es también un acto de alegría. Ya sea a una persona, compañía o alguna dependencia del gobierno. En la sección de arriba en donde explicamos sobre el dinero, hablamos de lo importante que es el pasar todo con amor, y no solamente por que lo tienes que hacer; hay una razón, ya que si no eres capaz de pagar con alegría, entonces estás en un estado de ingratitud, y el flujo se detendrá, si pagas tus cuentas de mala gana cierras el canal del dinero, poder y amor: Como ahora ya sabes, al cerrar el canal del amor te estarás limitando a ti mismo y a otros que también serán capaces de dar menos. Por eso es muy importante, examinar tus viejas emociones basadas en el miedo, de establecer patrones para dejarlas ir rápidamente, y así lograr tener el don de dar más y más. Piensa en este sabio texto.

Un regalo para el mundo
es un regalo para ti mismo

El flujo es uno

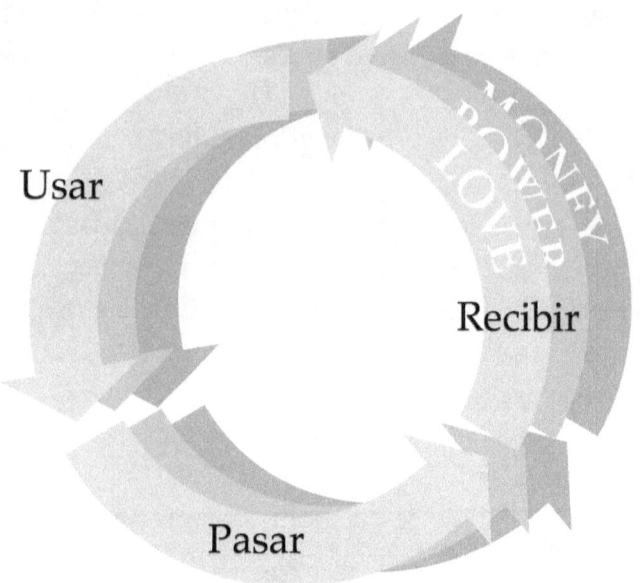

Las tres facetas -recibir, usar y pasar- han sido descritas y explicadas individualmente y, las tres tienen individualmente su lugar en la vida. En ese sentido están separadas y no son mutuamente intercambiables. Sin embargo, muchos tienden a pensar que el ciclo de recibir, usar y pasar son una serie de momentos sucesivos: como si primero tuviéramos que recibir, después usar y eventualmente pasarlo. Eso también implicaría poder recibir y usar en el presente, y pasarlo en el futuro.

El recibir, usar y pasar es uno solo

Los momentos sucesivos y aparentes son solamente una ilusión - No suceden realmente de esa forma - Las tres facetas suceden al mismo tiempo! No solamente se pertenecen entre si, también dependen una de la otra. Solamente juntas pueden verdaderamente hacer fluir a la energía. Es importante recordar esto, al contemplar estas ideas. Cada movimiento de energía está completo por si mismo, por que las tres facetas son al mismo tiempo. Entonces recibes, usas (disfrutas) y al mismo tiempo un intercambio toma lugar.

El ciclo de la energía

El ciclo de energía simplemente siempre está en balance. Recibes, usas y pasas: entregas algo.

La cantidad total de energía en un ciclo, nunca aumenta o disminuye, sólo se trata de mantenerse en el flujo de la mejor manera posible, así tu canal de dinero, poder y amor continúa creciendo y como resultado experimentarás una gran abundancia.

El flujo es el movimiento de la energía

Cuando recibimos no solamente obtenemos algo, si no que también, estamos dando algo, ya que los aspectos del flujo toman lugar al mismo tiempo.

Entonces, una forma de energía es remplazada

inmediatamente por otra de la misma energía, debido a que ambos flujos de energía, aparentemente separados actúan al mismo tiempo, ¡Nunca empobrecerás! ¡Das algo e inmediatamente recibes algo de regreso! Unicamente la forma cambia.

El Universo es completamente eficiente

La materia se convierte en energía y la energía en materia, es decir una forma es convertida en otra forma. La balanza cambia continuamente y (todavía no cambia realmente nada) El universo es un sistema cerrado en el cual ninguna partícula o átomo se pierde. Por ejemplo vas a la sala de exhibición, de una sucursal de automóviles compras un auto, y pagas una cierta cantidad, fácil llegarás a pensar, que te vuelves más pobre con el auto. Pero si hubiera sido un trato más justo no te hubieras sentido así, ¡En esencia, no cambió nada! Solamente la forma de energía externa es diferente. O imagínate que trabajas para alguien, estás invirtiendo amor y poder en tu trabajo para una compañía en particular o en una organización. Esta inversión es poder y amor la que usualmente es compensado financieramente con dinero. En este caso también si la situación de trabajo es muy buena, no pierdes nada al recibir algo a cambio, por lo tanto ¡Aquí tampoco nada a cambiado! Solamente es diferente su forma de energía externa. Por eso importante darse cuenta que nunca, te volverás pobre por gastar dinero, poder o amor, sólo lo contrario es cierto: El conseguir que este flujo esté en constante movimiento crecerá más y poderosamente.

Muy seguido vemos a mucha gente, que teme mantener este flujo movimiento, porque piensan que sus cantidades de energía se terminarán, sienten que sus cantidades se acabarán por las compras que realicen. Piensan que se volverán pobres al tener que compartir con otros, y experimentan una pérdida de control y de seguridad. Lo que a ellos les encantaría hacer, sería poder parar todo el flujo y asegurar quedarse, por siempre, con lo que poseen en ese momento, también poder detener el flujo a su antojo, y eso es un deseo que surge por la falta de confianza en el futuro, en si mismos y en el bien inagotable. Es causado por el miedo, y esto es falta de confianza, y la falta de confianza no es más que la falta de amor a ti mismo. De lo contrario, no sólo sabrías que mereces lo mejor, si no que también lo sentirías profundamente, pues al decir que te amas a ti mismo, podrás más fácilmente ayudar al flujo, y mientras más confíes en tu vida y mientras estés más preparado para aceptar el hecho de que la fuente de energía es inagotable, tu canal de la abundancia será muy generoso.

Puede pasar con tu "presupuesto": cuando pasaste una tarde maravillosa en tu tienda favorita y te compraste todo (y nos referimos a todo) lo que tus ojos capturaron, y consecuentemente ¿No te sobró dinero para las compras del supermercado? En este caso tampoco te vuelves más pobre que antes ¡Ahora eres dueño de muchas cosas! Si ese montón de cosas no te hacen lo suficientemente feliz o significa que no eres capaz de comer; hay dos cosas que puedes hacer: puedes culpar al dinero, a las tiendas y a tu "pobreza", o puedes aprender a manejar esta energía de poder, dinero y amor. Incluso en este caso recibiste por lo que pagaste. Desperdiciar energía no tiene nada que ver con creer en la abundancia. Al contrario es un enlace puro hacia la carencia y los conflictos. Como verás más tarde, este es uno de los caminos a la carencia.

La energía es inagotable

La energía en su forma más pura es, como un arroyo, una hermosa y cariñosa corriente que fluye desde un punto hacia el siguiente. En este caso, desde la gran e inagotable fuente de energía hacia ti. Te puedes imaginar esto diariamente, como si fuera un arroyo, mientras no se encuentre ningún obstáculo en su camino, el agua seguirá fluyendo hacia ti. Siempre y cuando el agua fluya regularmente y en cantidades suficientes, la corriente se volverá más grande y por lo tanto más poderosa. Cualquier arroyo puede crecer hasta llegar a formarse en un río. A continuación: los aspectos humanos entran en juego, pues empezamos a temer que el agua llegue a terminarse y entonces construimos una presa, finalmente hay suficiente agua, o eso creemos. Un par de meses después tu tierra aparece estar muy húmeda, las raíces de las plantas pierden su fuerza y nada crece como se debiera, otro mes más tarde, la vida en el arroyo empieza a desaparecer: los peces mueren y la calidad del agua empeora (ya que el agua no fluye más) y no tardaría mucho en que los peces se enfermaran tanto, que ya no podrían ser comidos, el agua ya no podría ser tampoco bebida ¡Ahora tenemos realmente un problema!. Tratamos de compensar esa agua inservible llevándola por el sistema hidráulico a los peces a los criaderos, y esa no es la forma que debería de ser, la cuestión es que ya teníamos todo eso: había agua para tomar, habían peces muy saludables y en abundancia; todo fue ocasionado por el temor de llegar a carecer, por el cual decidimos en ponerle la presa al flujo, y así lo hacemos con nosotros mismos. Nos limitamos.

La energía es siempre una cantidad inagotable que está presente en la gran fuente universal, siempre ha sido así. La única razón por la cual la percibimos diferente, es al pensar en su carencia ¡La gente cree en la carencia! Ese pensamiento, con la idea de carencia, es la única razón por la cual, la gente se siente con la necesidad de controlar la energía en todas sus formas. Solamente tenemos que dejar ir y soltar nuestros límites para poder hacer uso de ella completamente. Hay suficiente energía, solo que pensamos en lo contrario. Es nuestra creencia en la pobreza y en los conflictos lo que nos mantiene en nuestro lugar, es la negación a esta energía del dinero, del poder y del amor lo que nos mantiene en nuestro lugar. El mundo está colmado de grandes cantidades de dinero, poder y amor, en verdad existen cantidades abrumadoras de ello y se trata de simplemente creer de que ¡Tú también eres parte de esta abundancia!. No hay falta de amor, no hay falta de energía Divina, incluso podemos dar un paso más adelante: No hay falta de Dios, Pues al creer en un estado de carencia te estás alejando tú mismo de la abundancia, al alejarte tú mismo, de la abundancia te estarás alejando de Dios, y al decirte a ti mismo que no solamente mereces la abundancia, sino que tú eres la abundancia, te estás conectando con lo divino.

No hay ningún camino hacia el dinero, el poder y el amor, de hecho, no hay un camino hacia la abundancia, ya que o te encuentras en un estado de carencia, o estás en un estado de abundancia. El gran espacio gris del centro es solamente una ilusión; cada vez que dices que quieres más dinero, tú mismo te estás confirmando que te encuentras en estado de carencia, cada vez que dices "Necesito Amor" estás confirmando que careces de amor.

Todo lo que sientes, piensas, dices y haces,
es un intercambio de energía

El amor está presente y en abundancia, hay cantidades grandes de poder y se toma de nosotros, el dinero también está presente en las cantidades necesarias; la falta o carencia no existe. Solamente existen un montón de cosas en qué creer para poder separarse de la fuente divina. Una vez que te hayas acostumbrado al sentimiento de carencia, habrá muchas maneras de convencer a otros de tus convicciones y miedos, por que no solamente el amor es contagioso, también el miedo lo es y por su naturaleza es fácil transmitirlo de persona a persona, y de un país a otro.

La luz es un imán

Tú puedes incorporar la verdadera abundancia a tu vida, al incrementar tu luz interna, la luz atrae al dinero, al poder y al amor como un imán. Mucha gente piensa que la primera vez al incrementar su luz, recibirá más y más para tener mucho dinero, poder y amor, hasta quedar satisfecho. Así no es como funciona. Otros piensan que es cuestión de dar y dar, hasta finalmente alcanzar la iluminación extrema. También esto es incorrecto.

La idea es empezar a ser capaz de cooperar con los de tu alrededor, de una manera honesta, cooperar nos referimos a crear una relación personal, formar una familia cariñosa con tu pareja, la celebración de un acuerdo de negocios, venderle algo a alguien, o el mantener una importante posición social en los negocios o en la política. Una cooperación honesta, significa un intercambio de energía que tiende a ajustarse. Si el intercambio de energía funciona, no habrá necesidad de hablar de dar, o de recibir, pues ¡Ambas partes están dando y recibiendo!

La abundancia no está a expensas de otros

Es definitivamente mayor la posibilidad de adquirir dinero y amor, sin empobrecer a alguien más. De hecho puedes adquirir la verdadera abundancia, solamente si te aseguras de que no le cueste nada a nadie.

Si cierras un trato de manera honesta, la otra parte no empobrece

Esto también se refleja en el trabajo y en los productos y servicios que uno ofrece al otro, es fácil de olvidar que estos productos y servicios son incluso la misma energía como el dinero, el poder y el amor. ¡Tú no entregas solo un producto, entregas amor!. Todo lo que son y quienes son, eso comienza con todo lo que piensas, así que cuando haces algo por alguien, tienes que hacerlo con amor (no nos referimos solamente de que hagas algo con amor y lo entregues con amor) si no de que te encuentres en un estado amoroso en el momento de hacerlo y al pasarlo, en ese momento compartes tu forma de ser, con la persona que lo recibe de ti, pues cuando pasas algo a alguien, lo que das es una extensión de ti: un trabajo hecho o un producto vendido, es entonces mucho más de lo que simplemente ves, y las personas ven esto realmente. En el momento de que te das cuenta de esto y lo haces conscientemente, un maravilloso intercambio de energía toma lugar, en donde ambas partes dan y reciben.

Un verdadero intercambio de energía se encarga de que ambas partes sean más ricas.

Si quieres más de algo en particular, no deberías de preocuparte de la otra persona o del producto. Necesitas pensar acerca de quién eres y lo que puedes compartir. Se trata de incrementar tu luz. Es un hecho de que cada cliente, colega y jefe están más que dispuestos a dejar fluir la energía en forma de dinero, de poder o de amor en tu camino si lo pueden compartir dentro de tu luz.

El dar es compartir

Un músico que comparte su música con miles de personas en un estadio muy grande no está vendiendo un producto, está compartiendo un estado del ser con muchos otros. Es luz y amor personal lo que está en la música, en la actuación y que está siendo compartida con el público, por un par de horas. Es por eso que la gente le encanta ir a ver a su músico o actor favorito. Ellos comparten algo que alcanza mucho más que los sonidos o imágenes captadas en un CD o DVD. Comparten amor puro. Lo bello es que el amor fluye en grandes cantidades; el poder y el dinero se convierten automáticamente visibles.

Esa es la razón por la cual cual muchas celebridades deportivas y de la actuación reciben salarios que (comentando con varios) son bastante altos ¡Es lógico! Al parecer son capaces de poner en marcha tanta energía, que de ese modo permiten fluir abundante amor en sus caminos, y por lo tanto, el poder y el dinero aparecen en inmensas cantidades en sus vidas. Ellos ponen en marcha tanta energía pues decidieron compartir su energía con los demás. Están ahí poderosos y listos para hacer su trabajo con amor, y el público paga una cierta cantidad por un boleto; en este momento, ambas partes dan y reciben, y cuando esto sucede las dos partes, ya no son dos partes separadas, si no que comparten solamente una misma energía, una energía divina de amor.

Ejemplos tales como la de los actores, estrellas famosas, celebridades deportivas o músicos, no sólo demuestran la belleza de dejar fluir la energía en todas sus formas, si no que también enseñan, el enlace a la carencia, pues no todas las "estrellas" o celebridades deportivas son capaces de soltar ese enlace a la carencia y sufrimiento. Es como una de las frases que nuestras madres solían decir: "El arte no es el haber llegado a él, el arte es el mantenerte ahí", y al mismo tiempo, se refería a la conexión entre el amor y las relaciones, es un pieza de la sabiduría que también aplica en el poder y el dinero.

Siempre que te sigas sintiendo con el sentimiento de

haber sido cortado de la fuente divina, sin importar de que forma, serás confrontado, en un cierto punto por tus limitaciones. Podrías ser capaz de poner en marcha grandes cantidades de dinero, de poder y de amor, pero, eso te expone a que puedas perder todo igual y rápidamente. Si observas de cerca, reconocerás esto claramente. Algunas personas pueden manejar esta abundancia, pero, terminan en situaciones adversas como: divorcios, quiebras de empresas, adicciones y centros de rehabilitaciones de alcohol y drogas, así que finalmente, es la forma en la que manejes la energía. Se trata de que su uso sea conscientemente.

INTERCAMBIO DE ENERGÍA

Muchos documentos antiguos, hablan sobre la rueda de la vida. Cada cultura y cada creencia lo expresa en sus propias palabras.

Nacimos y entramos en el emocionante mundo en el cual, nosotros le llamamos "vida", mientras nosotros vivamos, la rueda gira, a veces rápidamente, otras lentamente, pero gira hasta que exhalemos nuestro último respiro.

La cantidad de cosas materiales, poder y amor que experimentamos en nuestras vidas, están directamente acoplados a la rueda de la vida; en cuanto ésta más lenta experimentamos la "falta" y cuando la rueda empieza a tomar velocidad, volvemos a experimentar la abundancia en nuestras vidas - abundancia en cada área. - Muchos piensan, que no tienen influencia en la velocidad con la que esta rueda, gira, pero ese no es el caso, sólo tú puedes influir en la rueda de la vida, si llevas una vida en la cual se mantiene fuera de toda forma de asombro, pues en cada reto, detendrás el flujo, y si el control y el evitar nuevos cambios, son una parte firme en tu vida, detienes el flujo.

Invertir es un movimiento

Cada inversión es un impulso, estos impulsos, son mejor dicho, pequeñas y grandes inversiones. La rueda sigue rodando siempre y cuando le des regularmente un buen empujón ¡Es literalmente una rueda de la fortuna! Ésta rueda se encarga de que haya abundancia, siempre y cuando esté en marcha. Tú eres la fuerza motora en cuyos momentos adecuados, le tienes que dar a la rueda el impulso necesario para que el flujo del poder, del dinero y del amor se quede en marcha.

Al invertir, dejas fluir un poderoso flujo de energía (al invertir nos referimos de poner realmente tu energía en algo.) Si deseas un mejor trabajo, o posición tienes que luchar por ello, pon un poco de energía en eso, sin importar de qué forma, pues en ese momento estás invirtiendo en ti mismo y en la compañía u organización para la cual trabajas. Con ello, le permites a otros compartir tu energía, y al compartir esa cantidad de energía con otros y en tu entorno, pones a la energía en marcha ¡Como resultado la rueda recibe un nuevo impulso para estar en marcha!

Negar el intercambio de energía

Mientras pienses en querer negarte a invertir energía, no sucede nada, por ejemplo: si deseas una mejor posición o un mejor trabajo, pero salen a flote tus miedos, en ese caso querrás seguir adelante en la vida pero sin poner en marcha un verdadero intercambio de energía;

convenientemente quieres olvidar que el flujo debe compartirse. Cuando haces eso, estás ignorando la ley natural, la cual el recibir va de la mano con pasarlo.

Olvidaste que el ciclo de recibir, usar y pasar, toman lugar simultáneamente. Podrás querer ganarte un diploma, de alto nivel, pero sin querer hacer ningún esfuerzo monetariamente hablando, o en términos de poder durante tus estudios, o quieres una promoción de trabajo, pero no tienes la intención de trabajar, más duro de lo normal, y definitivamente no quieres tener ninguna responsabilidad, en estos casos ni siquiera tenemos la intención de dar nada: Eso es tomar y no compartir, y ese no es el camino a la abundancia, es un camino seguro a la carencia. La rueda de la vida, del dinero, del poder y del amor sólo es estimulada por tus deseos de compartir de tu sincera intención, salida directamente del corazón, de ofrecerle a tu ambiente de trabajo o a tus estudios algo para que comience el flujo.

El intercambiar una energía,
es tomar una responsabilidad

Cada manera de pasar y recibir traen un movimiento en la energía - un movimiento de alguien más para ti y de ti para alguien más. - Tú sabes ahora, que el ciclo de recibir, usar y pasar sucede simultáneamente. Así la energía que pasas es reemplazada inmediatamente por energía nueva. Siempre hay ahí un intercambio de energía. Tú das algo y algo viene de regreso.

Si das algo y dices: "No quiero nada de regreso", obtendrás a menudo, malestar y culpa a cambio. Si dices "Oh, no fue nada", estás más bien diciendo "Lo que di no es importante, entonces, dame de regreso algo sin importancia". Si el que recibe ofrece una muestra de agradecimiento y te niegas en aceptarla, empujas a la energía lejos de ti; al hacer esto, previenes a la otra persona de completar el intercambio de energía, y al mismo tiempo afirmas que lo que diste, no vale nada. Lo mejor que puedes hacer, es dar inmediatamente a la otra persona la oportunidad de volver a poner en balance la energía.

Sólo imagínate si vas a un examen médico y tus doctores te dicen: "No gracias, no quiero tu dinero: Tu cariño y gratitud por el resto de tu vida será suficiente." ¿Cómo te haría sentir eso? Claro, nadie dice eso literalmente, pero eso es lo que a veces la gente se refiere, cuando vas al doctor es maravilloso el poder dar un intercambio completo de energía y se siente bien en ambas partes, así ustedes dos, terminaron con el intercambio de energía que tomó lugar. Después de que estás libre - libre de cada tipo de culpa. - El dinero es el significado más neutral del intercambio, por ejemplo si deseas una amistad como pago, se honesto con eso. "Te regalaré una computadora, pero me gustaría a cambio tu amistad". Cuando recibas, uses y pases, hazlo de tal manera que ambas partes: tanto el que recibe y como el que da, puedan seguir sus vidas sin "ninguna deuda de energía".

Sé claro y preciso en el intercambio de energía

Hemos experimentado que la mayoría de la gente no es lo suficientemente clara, al momento de un intercambio de energía correcto y propio.

Si no estás conscientemente abierto a un intercambio de energía, sufrirás la pérdida de ésta que llevará a la perdida de dinero, de amor y de poder, pues la ley natural de la abundancia, da lugar a muchos malentendidos: "Lo que hago es por amor, así que no necesito nada a cambio". (El cual también no se refiere en nada al amor, amistad o agradecimiento.) e incluso puede llegar a sonar muy amable y cariñoso, pero ni siquiera tiene que ver con el amor, pero si con la falta de responsabilidad.

Cada ciclo del flujo, sin importar si se empieza dando, recibiendo o usando, es un movimiento de energía, en ese momento el dinero, el poder y el amor toman lugar, una cierta cantidad de energía se mueve de un lugar a otro, es invisible pero, si sucede; terminas el ciclo y se completa el intercambio ¡Es algo maravilloso!. Este principio de intercambio se remonta siglos atrás: Los mayas en México entendieron este principio. Cada vez que comían una planta o un animal, ofrecían algo a cambio, y al hacerlo, daban algo de regreso a la tierra. La deuda así era pagada inmediatamente. Todas las personas tienen que cumplir con la ley natural del flujo. Es por eso que todos los criminales, suelen ser atrapados, pues ellos solamente toman y usan, nunca dan nada de regreso.

La finalización de un ciclo
es la única forma de empezar de nuevo

Más allá de tu zona de confort

Todas las personas tienen una zona de confort, un lugar en donde esa persona se siente cómoda, en este caso, nos referimos desde luego a una zona para una cierta cantidad de dinero, de poder y de amor. Si tienes menos te sientes inseguro y necesitado, si tienes más te sientes seguido por un sentimiento de culpa, o al menos, un poco inquietos, porque somos temerosos cuando estamos debajo de nuestras mínimas posibilidades y nos sentimos inquietos cuando estamos por encima de nuestras máximas posibilidades. Nosotros los humanos tendemos a quedarnos en estas fronteras. Mientras te quedes en tu zona segura para evitar la incomodidad, limitarás en ti mismo las posibilidades de amor, de poder y de dinero.

Lo que hace único, a este principio de la zona de confort, es que inevitablemente lleva a la luz las relaciones de las cosas y todo lo que cae fuera de tu zona, se siente como ausencia o como algo excesivo. Pero cuando estás nuevamente dentro de tu "propia" zona, inmediatamente te sientes como en casa y cuando vas más allá de tu zona de confort (ya sea, por las circunstancias o por decisión propia) sentirás lo opuesto. Si observas la siguiente ilustración de la zona de confort: verás una zona de confort elegido al azar, con un mínimo y un máximo entre lineas punteadas. Este es solo un ejemplo, pero, vamos a asumir que representa tu situación.

La zona de confort

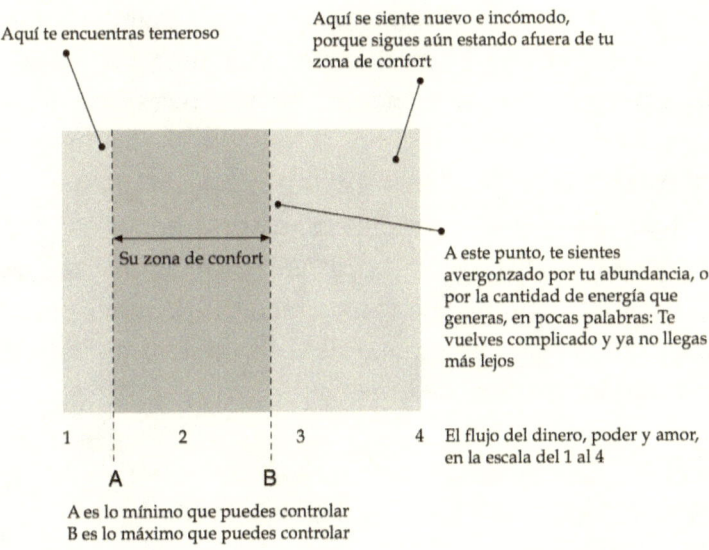

Aquí te encuentras temeroso

Aquí se siente nuevo e incómodo, porque sigues aún estando afuera de tu zona de confort

Su zona de confort

A este punto, te sientes avergonzado por tu abundancia, o por la cantidad de energía que generas, en pocas palabras: Te vuelves complicado y ya no llegas más lejos

1   2   3   4   El flujo del dinero, poder y amor, en la escala del 1 al 4

A   B

A es lo mínimo que puedes controlar
B es lo máximo que puedes controlar

Las zonas entre las lineas, indican cómo te evaluarás a ti mismo y a otros, con respecto al dinero, al poder y al amor. Si consideras un cierto salario como mínimo, verás a alguien quien gana menos como a uno "más pobre". Si ese mínimo de poder es tu mínimo, juzgarás a todos los que tienen poco poder, como "no poderosos". Si las lineas punteadas indican la mínima cantidad de amor, que quisieras ver de regreso en una relación, juzgarás a todas las otras relaciones que se vean diferentes a las bases de esa norma. Lo mismo les sucede a todos los que se encuentran por el máximo, ya que esa es la máxima cantidad de energía que puedes manipular, esto significa que empezarás a sentirte incómodo al tener más, o al aceptar más del máximo de lo normal, no importa de lo que hablemos del amor, del poder o del dinero. Desde luego que puedes ignorar esto, pero literalmente eso significaría que ya no podrías manejar ninguna energía más, por ejemplo, si tu negocio se vuelve exitoso y las ganancias anuales crecieron 5 veces más de lo que esperabas, te encontrarás en una situación donde te sentirás feliz por una parte, pero inquieto por la otra. La energía de la cual eres responsable, se volvió mayor que tu zona de confort. E inconscientemente con tu poder harás lo posible para deshacerte de él, o en otro caso de disfrutar lo menos posible de él.

Si el máximo de tu zona de confort, no es muy alto, lo verás reflejado en las tres apariencias de la energía. Acabamos de hablar del dinero. El poder se vuelve evidente en tu trabajo. Si tu zona de confort no es nada alta, tendrás regularmente un trabajo el cual te guste, pero será eventualmente llevado a conflictos con tus colegas o jefes. Tendrás problemas en encontrar un trabajo en donde estés contento y con grandiosos colegas y con uno de los mejores salarios y esto, sería mucho para ti, porque estaría fuera de tu zona de confort, al manejar de esta forma al dinero y al poder, disfrutarás cada vez menos de tu trabajo y las cosas se irán empeorando, que hasta incluso podrás llegarte a sentir deprimido.

Esto se manifestará por si solo, en tu vida privada, como si tuvieras lo suficiente pero realmente nunca una super abundancia.

Tomará mucho trabajo el "tener lo suficiente". Con respecto al poder, será también para ti, insuficiente, eventualmente te perderás en la mediocridad y perderás tus sueños y ambiciones. Con respecto al amor a primera vista, parecerá "razonable", (pero si ves más a fondo) notarás que las parejas se toman entre ellas por seguras y que realmente no sienten llenar sus necesidades y deseos profundamente, el uno al otro.

Otros, juzgarán también tu acuerdo con tu propia zona de confort. Tu zona representa un cierto grado de educación y sueños para el futuro (y entonces todo lo que cae más abajo es "tonto" y todo lo que sube por encima es exagerado) y tiene actitud, todo lo que dentro de tu zona se siente "normal".

El mantenerte temeroso en la zona de confort que "se te dió", te limita intensamente, pues la causa, parece ser, que te sientes inferior junto a las personas que tienen una educación más elevada que tú, o te molesta la gente adinerada, o puede que pienses mucho en crear tu propio negocio, pero, nunca das el paso para hacerlo.

La zona de confort también determina, el como percibes completamente una sociedad, incluyendo a políticos, comités del pueblo e impuestos. Mientras más chica sea la zona, tendrás más desconfianza hacia las dependencias de gobierno, como si conspiraran contra ti.

Pruébate a ti mismo

La "vieja" manera de pensar, es la que hace que tu zona de confort se ajuste a la cantidad de energía disponible en cualquier forma, sin embargo, las leyes naturales del dinero, del poder y del amor, funcionan totalmente de manera contraria. Pues con el tiempo la "cantidad" de energía será igual a la de tu zona de confort. El siguiente ejercicio tiene la finalidad de darte la oportunidad de hacerte "sentir" dónde empieza y termina tu zona de confort. Lee las siguientes descripciones y a la vez, pon atención en lo que está pasando con tu cuerpo y mente. Experimentas tensión, culpa, alegría o ¿Parece ser que es muy excesivo para ti?

Imagina que sales varias veces a comer. La primera vez vas a comer en un lugar sencillo y pequeño. La segunda eliges un restaurante un poco más modesto, después vas a un restaurante de clase media y luego vas a un lujoso lugar y posteriormente a otro mucho más lujoso. Finalmente terminas en lo más alto, en un restaurante de 5 estrellas muy exclusivo, donde te sirven 5 platillos acompañados con los mejores vinos presentados dentro de unas hermosas hieleras, a tu derecha e izquierda, hay meseros vestidos impecablemente, sirviendo todo tipo de delicias, (estás siendo atendido como un rey) Entonces comienzas muy simple y terminas poco a poco hasta el restaurante más lujoso que te puedas llegar a imaginar.

¿En qué momento llegaste a sentirte incómodo?, y ¿En donde te sentiste como un pez en el agua? Un sentimiento de incomodidad, indica claramente que en algún lugar estuviste fuera de tu zona de confort y es opuesto a cuando sientes que estás como en casa. Si llamaste a una de estas experiencias como "inusuales" o "inalcanzables", caíste claramente, fuera de tu zona de confort.

Es un reto el ampliar tu zona de confort, asegúrate de que te sientas cómodo y como en tu casa en un restaurante lujoso, en una tienda de ropa exclusiva o en un hermoso hotel de 5 estrellas. No por que sean mejores que un pequeño lugar para ir a comer o mejor que un pequeño hotel familiar; también pueden ser igual de maravillosos como los lugares lujosos, porque sabes - y por encima de todo sentimiento - que esta abundancia puede ser también parte de ti, sin que te tengas que llegar a sentir incómodo; de hecho, significa y que sientes de corazón ¡Que no hay diferencias entre tú y la demás gente! sino que allí hay un rey escondido en ti. El ampliar tu zona de confort es importante, porque te permite integrar todos los aspectos de la sociedad en tu ser. Construye el otro mundo que instintivamente parece estar tan lejos y también constrúyete a ti mismo; acostúmbrate al hecho de que el mundo es parte de ti y de que tú eres parte de ese mundo. La zona de confort es el secreto que está detrás del dicho:

"El mundo es tuyo"

El mundo que experimentas, es tan grande como quieres que sea...

Todos somos uno

Es gracioso, somos un pueblo, nos parecemos mucho entre nosotros, compartimos muchas normas y valores, nos casamos y divorciamos, y compartimos la misma energía de la abundancia, en sus tres formas de dinero, de poder y de amor, de igual manera nos gusta pensar en los términos: ellos y nosotros. Usamos estas palabras para indicar si nosotros tenemos algo, y los otros no, o para indicar que ellos tienen mucho y nosotros no, o que son diferentes a nosotros. Pero estos términos existen solamente dentro de los limites de nuestros pensamientos terrenales y nos recuerda que nos separa de los otros. El sentimiento de separación, va de la mano con la separación del flujo divino del dinero, del poder y del amor. Mientras más rápido nos "enganchemos" al flujo del dinero, poder y amor, empezaremos una relación con el todo: con lo divino en nosotros y por lo tanto, con lo divino de cada persona. Mientras nos conectemos nosotros mismos a ese sentimiento, de darse cuenta de que todos somos uno, y de que cada persona es una esencia de amor, atraeremos una gran conexión con el flujo del dinero, del poder y del amor.

Porque todos somos uno, obviamente el dar es compartir, al compartir hazlo siempre con todos, y al hacerlo compartes contigo mismo. El dar y tomar no le sirve de nada a otros ni a ti mismo. Tu compartes, de hecho compartes todo con tus alrededores y contigo mismo. Estás compartiendo con Dios, o con el divino (si así lo prefieres llamar), Está en ti, y en la otra persona, está en todas las personas, el sentirte conectado a todo y con todos a tu alrededor, es un camino poderoso a la abundancia.

En nuestra vida diaria, es a veces difícil sentir esta conexión todo el tiempo, de hecho lo sentimos a menudo, en ocasiones al ser confrontados por la carencia en cualquiera de las formas que pueda tomar; nos podemos llegar a sentir fácilmente amargados, y transmitir ese sentimiento a otras personas, como si ellas fueran las causantes de nuestra pérdida. Incluso a veces, esta forma de pensar se refiere a "pensar dentro de la carencia". En ocasiones lo que experimentamos en primer plano es carencia, en lugar de nuestra conexión con otros. El sentir y experimentar diariamente que todos somos uno, te permite sentir al mundo con sentimientos de unidad, paz y sobre todo conexión. Esta es la conexión, la que nos conecta no solamente nos conecta con otros, sino que también con el dinero, el poder y el amor.

Reconocer la luz en todos

Hablaremos de la habilidad de poder reconocer la luz de los demás, claro, que algunos han alcanzado, estar fuera de su forma natural de ser, de amor y compasión, (aún así no los hace menos humanos) Son seres humanos igual que tú. También tienen amor que dar, necesitan amor y están en busca de la fuerza andante detrás del dinero, del poder y del amor. Algunos, no saben cómo hacerlo; buscan, buscan y simplemente no lo logran, han perdido el camino y no los puedes culpar, sólo por que ellos siguen buscando, después de todo todos estamos en busca, solamente que en diferentes formas y en tiempos diferentes. Al final, la fuerza andante, detrás de sus búsquedas tienen el mismo origen que la tuya, y es un reto el poder seguir viendo siempre brillar sus luces interiores, particularmente en los momentos más difíciles y precisamente apelar esa parte en otros.

Parte IV

Tercera ley natural

La energía sigue al pensamiento

La primera ley natural, habla de que el dinero, poder y amor son una sola energía. La segunda ley natural, habla de que la energía tiene que fluir. La tercera ley natural consiste en que la energía sigue al pensamiento ¡Son asombrosos! Permite a la mente atraer todo lo que queramos. Sí, todo lo que queramos, más no, lo que creemos que queremos...La mente es capaz de crear dos cosas: carencia y abundancia. Si piensas en términos carentes y de pobreza, serán seguidos por esa energía. Si comienzas desde un estado de abundancia también serán seguidas por esa energía ya que la gente está programada por sus alrededores: por medio de opiniones, palabras, prejuicios y supuestas convicciones, por lo tanto es importante hacerte entender mejor el concepto de la "mente."

La gente se deja conducir seguido, por los caminos que llevan a la carencia, aún cuando lleguen a pensar lo contrario, para eso vamos a tratar algunos detalles sobre los caminos que llevan a la carencia (Afortunadamente también hay caminos a la abundancia). Estos caminos son los medios para ser capaces de ver de nuevo, el estado natural de la abundancia, para sentirlo y activarlo en nuestras vidas. Incluso, es una cuestión de cómo le hiciste para mantenerte hasta ahora en un estado de carencia. ¿Por qué pasó? ya que hay abundancia por todos lados en nuestro alrededor: no hay carencia de amor, el poder ya está dentro de nosotros y el dinero es también un derecho de nacimiento, justamente como el oxígeno y el amor. Todos estamos en un estado de abundancia divina, pero mantenemos la separación entre la abundancia y nosotros mismos. Aunque es importante descubrir y reconocer los caminos a la pobreza, los cuales hemos recorrido hasta ahora, no es muy sabio de nuestra parte enfocarnos mucho hacia los caminos a la carencia, pues al hacerlo, alimentamos con esa energía a la carencia y, al enfocarte, crece aún más. Comienza a volverse más y más importante hasta volverse esencial en tu vida, que solamente verías los caminos de la carencia: es como una montaña cubierta de caminos y posibilidades lo que puede llegar a hacerte olvidar, que tú fuiste quién creó esa montaña para empezar. Y definitivamente eso no es lo que quieres.

Igual, muchos no sienten lo mismo: "Yo no ando buscando los caminos a la pobreza, ya que he estado siempre en busca de los caminos de la abundancia, es decir, los caminos del amor y de la unidad." Esto es precisamente a lo que nos estamos refiriendo, pues al creer en los caminos de la abundancia, estás más bien caminando por los caminos de la carencia, porque ¡NO existe ningún camino a la abundancia!

Tus pensamientos, palabras y visión del futuro se encuentran ahora, en la luz de la carencia, o en la luz de la abundancia; no hay nada intermedio. ¿Qué es lo que realmente te dices a ti mismo, cuando estás en busca del camino a la abundancia? Primero, te dices que tienes aparentemente algo que hacer, que necesitas realizar algo para poder adquirir la abundancia, cuando de hecho ya es una parte de ti. Segundo, te estás programando a ti mismo, cada vez más, para lo que no tienes; tomemos un momento y recordemos que, cualquier cosa a la que nos enfoquemos crece; empezarás a entender que no hay mucho camino a la carencia. Es como si al tener una relación y al mismo tiempo dijeras "estoy en busca de una relación." Afortunadamente hay otra forma: el camino a la abundancia, este no lleva a ningún lado; ya que este camino está fundado por siempre, en la abundancia: ahora, mañana y en el futuro.

*"El espíritu de la gente
es el creador del mundo."*

Buda

LOS CAMINOS A LA CARENCIA

Como ya notamos anteriormente, el pensar en los caminos de la carencia, no es muy estimulante. Para poner esto en términos prácticos, primero, es necesario saber ¿Qué son estos caminos? y ¿Qué es lo que te vas a encontrar? Al pasar por ellos.

Puedes soltar solamente, lo que tengas agarrado

Como comprenderás, otras personas por instinto saben cómo piensas acerca del dinero, del poder y del amor. La gente también percibe cuando estás andando por los caminos de la carencia. y ellos responden a esto; la mayoría de la gente no recorre todos los caminos de la carencia. No se necesita caminar por todos, para evitar el estado de abundancia, sólo se necesitan algunos. En cuanto tu vida esté enfocada en la negatividad y en la carencia, atraerás a personas que estén también enamoradas de lo mismo, y es ahí cuando te encontrarás atrapado en el circulo vicioso de la carencia. El truco es no llegar hasta ese punto. Es un estimulante maravilloso para tí y los demás si te alejas de los caminos de la carencia, y de la misma forma le das ¡La libertad a otros de que hagan lo mismo! Antes de que sigas adelante con el camino a la carencia, contesta las siguientes preguntas en lista, y después puedes continuar leyendo.

INDICACIONES

Las siguientes preguntas no son capciosas, sino que son, una especie de trampas de la vida, ya que las 15 preguntas están basadas en la vida diaria y en situaciones -si miras bien- cotidianas.

Trata de que contestar honestamente cada pregunta, por tanto, no escribas algo que deseas, algo que concuerde con las leyes naturales, o con cualquier cosa influenciada por alguna política ¡Haces esto sólo para ti mismo!
Lee despacio y cuidadosamente (una o dos veces cada pregunta) para ti mismo, y después contesta con un si, o un no.

Ejemplo:

Primera pregunta: ¿Te ve la gente en ocaciones, como una persona cínica? A lo mejor no te ves como una persona cínica, pero si te analizas profundamente, te das cuenta de que en ocaciones, si lo eres o sabes que algunas personas, así te miran, entonces la respuesta es si.

Variantes:
También puedes responder las preguntas tres veces: El cómo pensabas antes, el cómo piensas ahora y en el cómo te gustaría verte en el futuro.

PREGUNTAS

1. ¿Te ve la gente en ocaciones, como una persona cínica?
2. ¿Crees en ocaciones que algunas personas tienen mucho, sin habérselo ganado?
3. ¿Crees que hay momentos en donde eres víctima de las circunstancias?
4. ¿Te dan lástima las personas en ocaciones?
5. ¿Crees en el poder o en la fuerza divina?
6. ¿Puedes ver al dinero, el poder y el amor como una sola energía?
7. ¿Tienes ocasionalmente, desorden en tu vida?
8. ¿Conservas cosas a las que ya no les das ningún uso?
9. ¿Llegas seguido tarde a un lugar, más de dos veces por año?
10. ¿Te consideras una persona valiente y dinámica?
11. ¿El recibir ayuda es un derecho en la sociedad?
12. ¿Estás de acuerdo de quitarle a los Ricos y dárselo a los pobres?
13. ¿Buscas muy a menudo ofertas, rebajas o gangas?
14. ¿Te parece romántico una relación, en donde las dos partes se atraen y se rechazan?
15. ¿Estás en búsqueda de la espiritualidad y/o de la abundancia?

Respuestas y Explicaciones

Los caminos a la carencia están descritos a continuación. La secuencia en la cual se dieron aquí, no dice nada, acerca de su relativa importancia.

1. Cinismo

Pregunta:
¿Te ve la gente en ocaciones, como una persona cínica?

Respuesta Ideal:
No

Significado profundo:
Rechazo de energía.

Nos referimos al cinismo como la habilidad de ver y juzgar todo lo que sucede en el mundo, o en los alrededores con sarcasmo y ridiculez. El verdadero cínico, se considera a si mismo, como una persona muy sensible y objetiva, además se considera altamente calificada para juzgar todo tipo de polémica dentro de la política, del arte y la cultura. El cínico es quien rechaza todo tipo de cosas alegres y maravillosas, sólo es capaz de mantener su posición autoritaria, esa armadura de insensibilidad y desinterés con las cuales trata de elevarse a si mismo en la vida (como si no tuviera que ser parte de ella). Esa armadura es la que le da al cínico, un sentimiento de de seguridad, ya que se encuentra entre su misma persona y energía del poder, dinero y amor; esta armadura es la que se encarga de que los dos no puedan hacer ningún contacto.

2. Estar en contra de posesiones

Pregunta:
¿Crees en ocaciones, que algunas personas tienen mucho, sin habérselo ganado?

Respuesta ideal:
No

Significado profundo:
Envidiar la energía de otros.

Quien está en contra de las posesiones no piensa que lo está, si no solamente, en contra de las posesiones excesivas. Cree que las posesiones son buenas mientras sean justamente repartidas. La persona que está en contra, no se da cuenta que al ser tan condicional, rechaza toda forma de posesión, y para ese entonces ya perdió contacto con la energía; cuando tercamente no quiere ver con alegría la abundancia de otros, y de estar alegre por ellos, en realidad se está convirtiendo él mismo en "anti-poseedores."

3. Sentir lástima por ti mismo

¿Crees que hay momentos, en donde eres víctima de las circunstancias?

Respuesta ideal:
No

Significado profundo:
Querer atraer la energía por medio de la carencia.

El sentir lástima por ti mismo, o el verte como una víctima de cualquier circunstancia en donde no puedes hacer nada, es una excelente forma de parar el flujo del poder, del dinero y del amor, está ahí para todos, independientemente de la clase social o educativa, al menos de que te sientas víctima o tengas lástima de ti mismo. Puedes sentirla en diferentes formas: puede que sientas lástima por ti mismo por que no tienes actualmente pareja, o por que eres una madre, o un padre bendecido con cuatro hermosos hijos, que todavía van a la escuela y que necesitan de muchos cuidados, o tienes desde hace un par de años, malestar en algunas partes del cuerpo, los cuales no te hacen sentir bien, ni despreocupado como antes, y eso te hace sentir patético. Quizá no sientes lástima por ti mismo, pero si víctima de alguna circunstancia. Así es como mayormente se siente. Tienes una hermosa familia, un par de hijos, una casa bonita y tu pareja decide abandonarte, entonces ahí estás: Una vida en ruinas. La realidad es que no existe la frase de una "víctima de las circunstancias". (las últimas dos palabras las puedes quitar). Si te sientes como una víctima de las circunstancias, eres simplemente una víctima, también el efecto -yo-de nuevo, pertenece a esta categoría: "Yo de nuevo" es una confirmación de ser una víctima y de no ser capaz de hacer nada al respecto, sin cuestión alguna, una víctima no prevalece mucho tiempo en el flujo - aunque la mayor parte del tiempo, estén en el flujo de alguien más. Mientras más lástima sientas por ti, menos placentera será la situación en donde estés. El reto es que cuando estés en una situación donde puedas llegar a sentir lástima por ti mismo, puedes cambiar y transformar ese sentimiento, solamente para ti, y no para los demás.

4. Sentir lástima por los demás

Pregunta:
¿En ocaciones te dan lástima las personas?

Respuesta ideal:
No

Significado profundo:
Ampliar tu energía a costa de otros.

Tú puedes sentir lástima por otros, estando cerca o lejos. Una persona puede obtener información por diversos medios: periódicos, televisión, mientras otros experimentan el mundo más de cerca, en su propio ambiente. Tú puedes leer y oír a cerca de todo, en estos días: guerras, pobreza, enfermedades, persecuciones, refugiados y hambre; la lista es larga y cada año se vuelve más larga. Es muy extraño que en el oeste la miseria esté ahí concentrada, más de lo que solía estar, en parte eso es gracias a los medios de comunicación como la televisión e internet. ¿Por qué las cosas empeoran en lugar de mejorar?, es porque sentimos lástima por ellos; cuando sientes lástima por alguien más, recargas su miseria en sus propios hombros, y desde ese momento eso es lo que estás esparciendo. Sentir lástima por otros, es ponerlos en el papel de víctimas y se forma la brecha más grande entre su mundo y el de nosotros. Por supuesto la miseria por la que están pasando no los hacen menos como personas, son gente igual que los demás, con verdaderos sentimientos y opiniones reales. Al sentir lástima por ellos, los ponemos en la posición de víctimas, mientras que como personas o como país están tratando de cubrir esa imagen. Sin embargo, no hay nada de malo en querer hacer algo al respecto, no por que te den lástima, simplemente porque somos seres humanos; por ejemplo cuando le das un permiso a tu hijo por que lo necesita, y tú se lo das felizmente; también puedes ayudar a los demás, de la misma forma ¡No tienes por que sentir lástima de tus hijos antes de ayudarlos! De la misma manera debe ser igual y útil para los demás (con el mismo amor y las mismas intenciones). Para el dejar de sentir lástima, es bueno, tanto para tu flujo como para el de ellos, cuando la sientes no serás realmente capaz, de hacer algo por ellos en sus situaciones. Mientras pares de alimentar ese sentimiento estarás realmente en la posición de ayudar de manera útil, activa y efectiva sin afectar a los demás.

5. No creer en un poder más grande

Pregunta:
¿Crees en el poder o en la fuerza divina?

Respuesta ideal:
Si

Significado profundo:
Mantenerte alejado de tu propia energía y la de los demás.

Si no puedes o quieres creer que existe algo que nos conecta: un poderoso amor interno, una divina conciencia, Dios, cualquier cosa divina, entonces te habrás arrojado tú mismo a los lobos. No nos referimos a creer en un Dios castigador, o en un Dios opresor, pero si, en un Dios de la sabiduría, del amor, de la compasión y de la solidaridad. Un poder no se encuentra arriba de nosotros, pero si dentro de nosotros. Puedes llamarlo como quieras: Dios, divinidad, el poderoso, Cristo, Allah, Buda, energía, poder interno, Prana o Amor. Negar esta energía es igual que rechazar la energía del dinero, del poder y del amor; y esto te llevará a un conflicto en tus dos mundos: tu mundo interno y tu mundo externo, y resulta que la vida se cansa y se vuelve solitaria. Esto último conlleva a la amargura.

6. Negar que el dinero, el poder y el amor son una energía

Pregunta:
¿Puedes ver al dinero, al poder y al amor como una sola energía?

Respuesta ideal:
Si

Significado profundo:
Crees en una energía repleta de dificultades.

Hay que reconocer que el dinero, el poder y el amor son una energía, todos tienen el mismo lugar de origen, las tres energías llevan las mismas leyes naturales; mientras realmente no sientas esto así, o peor aún que lo niegues, detienes el flujo natural y termina convirtiéndose en una vida en donde solamente el cinismo, la carencia, la manipulación y las dificultades serán tus únicos amigos. El reconocer que son una sola energía y que influyen en todo, traerá el amor de regreso a tu vida y pondrá en contacto de nuevo, con las demás personas, contigo mismo y con la energía que todos traemos dentro.

7. Desorden

Pregunta:
¿Ocasionalmente, tienes desorden en tu vida?

Respuesta ideal:
No

Significado profundo:
Confirmas que hay carencia de energía.

El desorden, es una clara y reconocida forma de atraer a tu vida un estado de carencia, nos referimos: al desorden, desarreglo y caos. Desorden en la manera en la que piensas, de tu casa, de tus finanzas, planes, relaciones (lo verás en diferentes niveles). Para empezar, desorden en tu casa: Objetos por todos lados, tus documentos regados aquí y allá, libros cerca de tu cama o debajo de la mesa, en pocas palabras, un verdadero desorden, no tienes que ser un fanático de la limpieza, pero el hecho de no encontrar tus pertenencias rápidamente, significa que no estás en orden, de hecho, de esto se trata, de tener todas tus cosas y tu vida en orden. Tu hogar, o tu recamara es un desorden, no sabes que es lo que quieres estudiar, (o lo sabes pero cambias de opinión cada seis meses). Si tu vida no está totalmente ordenada; no sabes lo que quieres, tu relación no es armoniosa, tienes discusiones con tus padres o con tu ex, y entonces tu casa es cada vez más desordenada, y para nada te dan ganas de limpiarla y ordenarla. Ahí es cuando falta la energía, exactamente de lo que estamos hablando: la falta de energía. Lo agradable de esto, es de que es fácil y rápido cambiar esta situación. Limpiar y ordenar tu vida, no es tan difícil aunque así se siente, es ahí donde tienes la respuesta, antes de hacer la pregunta.

8. Conservar y aferrarte a todo

Pregunta:
¿Conservas cosas a las que ya no les das ningún uso?

Respuesta ideal:
No

Significado profundo:
Acaparando la energía.

Algunas personas pasan por algún mal momento al deshacerse de algo, para otros levantar algo que está tirado y arrojarlo dentro de un bote de basura, es una experiencia dolorosa. Pueden pensar en separar y tirar cosas, pueden hablar al respecto, pero siempre habrá una excusa para aferrarse a algo, o para guardarlo dentro de una caja, en donde no estará en el camino de nadie, para mantenerlo seguro. El juntar, guardar, o el aferrarte a las cosas, detiene al flujo del dinero, del poder y del amor. Claro que guardar o juntar cosas, son términos relativos: ¿Cuáles son las cosas viejas e inútiles y cuáles no? Todo lo que no utilizaste en más de tres años lo puedes tirar: ropa, basura, tu bicicleta vieja, muebles, etcétera. ¿Tienes cajas con libros que nunca lees? ¿No los necesitas en tu trabajo, ni tampoco tienes una librería oficial? ¡Deshazte de ellos! Si te sigues aferrando a cosas u objetos, es un indicador de que quieres detener el proceso natural del cambio. En ese caso, tu no quieres verdaderamente otro trabajo, otra casa, o incluso otra relación, este fenómeno ocurre seguido en fases. El dinero, el poder y el amor requieren de una vida en movimiento, y este movimiento regresa en cada nivel, y también en tus asuntos. El coleccionar, va mucho más allá que solo coleccionar cosas; se trata de cantidades de memoria, cantidades de energía "congeladas", llenas de emociones del pasado y sin futuro. Mientras juntes más cosas con un pasado, habrá menos abundancia.

9. Llegar tarde

Pregunta:
¿Llegas seguido tarde, a donde sea, más de dos veces por año?

Respuesta ideal:
No

Significado profundo:
No ser capaz de manejar el flujo de energía.

Siempre hay una razón: en un día de trabajo, tu hijo estaba enfermo de una fuerte gripe, no encontraste taxi, los trenes llegaron tarde, tu pareja inesperadamente no pudo llevarte, se incendió la casa de tus vecinos: estos son los tipos de pretextos que llegan a tu vida, si estás incómodamente en el flujo. Por experiencia, la gente que llega frecuentemente tarde, o en ocaciones ni siquiera se presenta, está teniendo problemas con la energía del dinero, del poder y del amor y si llegas regularmente tarde, te sales del flujo del poder, del dinero y del amor. Incluso eres temeroso para reclamar tu posición de una manera normal y poderosa. Algunas empresas inteligentes, les preguntan anticipadamente a sus clientes cuánto tiempo tomarían ellos en completar una labor, pues quieren saber si la labor es un trabajo apresurado, antes de dar una decisión, antes de saber si darle al cliente un crédito o no. Si un nuevo cliente es desorganizado, y hace malos planes, tarda en hacer pedidos, entonces este cliente no es buena paga y no será confiable al pagar sus facturas. Hemos intencionalmente, nombrado nuevo cliente porque ese tipo de cliente, nunca estará satisfecho y así estará saltando de una compañía a a otra.

10. Falta de coraje y dinamismo

Pregunta:
¿Te consideras una persona valiente y dinámica?

Respuesta ideal:
Si

Significado profundo:

No atreverte a poner en movimiento, la rueda que pone en marcha a la energía.

Si no te atreves a tener coraje en la vida, de tener el coraje de emprender acciones, de levantarte de tu silla y tomar el riesgo, de tomar iniciativa, de tomar una posición, el flujo del poder, del dinero y del amor, se detendrá. No estamos hablando de heroísmo, eso no es necesario, pero si, de pleno coraje, de un arranque, de un impulso, de un cierto dinamismo en tu comportamiento, de actitud y en tus decisiones. El coraje de ponerte de pie, ante la vida, en vez de quedarte en la parte trasera para ser dirigido por el coraje de otros. Cada vez que reúnes coraje y haces algo, independientemente de sus consecuencias, pones algo hermoso en movimiento. Tu coraje y dedicación ponen en marcha una masiva cantidad de energía, ¡Y todo eso, es de lo que se trata! Amor y energía en movimiento. Reconocerás la falta de coraje, con una gran dosis de molestia, una actitud de esperar -y- ver, y ciertas formas de pereza, y no solamente pereza física, sino también pereza mental.

11. Tú te encargas y cuidas de mi

Pregunta:
¿El recibir ayuda es un derecho en la sociedad?

Respuesta ideal:
No.

Significado profundo:
No tener energía propia de la abundancia, y querer vivir de la energía de los demás.

Incluso, lo opuesto al coraje, es el pensar "tú te encargas y cuidas de mi" el "tú" en este caso, puede ser: la oficina de asistencia social, agencia de seguros, tus vecinos, amigos o familiares. Si la idea de sentirte víctima es muy grande, lograrás el estado de víctima, que más lástima puede llegar a dar: "tú te encargas y cuidas de mi." No porque seas un ser humano, o porque ellos quieran realmente hacerlo, pero si, por hacerlos sentir que lo tienen que hacer. Si la gente no te da la ayuda inmediatamente, ni tampoco en la forma que esperabas, los harás sentir inmediatamente culpables y aparentemente, no estarán molestos por ti. Como seres humanos creemos que estamos abiertos a la vida, a la abundancia, a recibir ayuda; esto es aparentemente cierto, sin embargo, eso es completamente diferente a dar por seguro que otras personas van a encargarse y a cuidar de ti. Esa es la manera más grande de decirle al mundo que no eres capaz de despertar la energía del dinero, del poder y del amor, por tí mismo, eventualmente esto se convertirá en tu realidad, la cual, fortalecerá tu dependencia a otros, y por último, te hará creer ¡Qué no podrás hacer nada por tu cuenta!

12. El efecto Robin Hood

Pregunta:
¿Quitarle a los ricos, para dárselo a los pobres?

Respuesta ideal:
No

Significado profundo:
Tomar sin permiso, la energía de otros.

Con la frase: "tú te encargas y cuidas de mi", caes en el efecto "Robin Hood" Ahora puedes saquear sin sentirte culpable ¡Que maravilloso! si crees que no tienes que pagar tu cuenta al doctor, porque él tiene mucho dinero, de todas maneras, ¡Como si él no se diera cuenta de eso!, No te sientes culpable al salir del supermercado con un par de revistas bajo el brazo, ¡Pues en el supermercado no las echarán de menos! Así mientras integres a tu vida la idea de que puedes simplemente tomar de los ricos; paras completamente el flujo del dinero, del poder y del amor. De pronto todo gira a tu alrededor, y el concepto de compartir desaparece de ti por completo. El flujo del dinero, del poder y del amor es óptimo si cada intercambio es honesto, mutuo y voluntario.

13. Creer en rebajas y gangas

Pregunta:
¿Buscas muy a menudo ofertas, rebajas o gangas?

Respuesta ideal
No

Significado profundo:
Miedo de realmente compartir la energía.

Este es uno de los principios más difíciles de entender y reconocer, pues no hay como las ofertas: recibes por lo que pagas, además es precisamente la energía que estás dispuesto a poner en marcha, (se siente a veces diferente), cada vez vemos fabulosas ofertas en los periódicos, o cuando caminamos por un supermercado siempre esperamos ver ofertas: el mejor Bordeaux, al precio de un vino de mesa. Una vez que empieces a incorporar este conocimiento, te darás cuenta, de que se aprende esto en fases. Primero reconoces que realmente hace efecto en las cosas materiales como: casas, carros, vinos y ropa. La calidad tiene su precio, después te darás cuenta de que también funciona con el poder. Un curso no es igual que otro. Una carrera de estudios la cual realmente es para ti, te beneficiará, también tiene un precio. Puedes llegar a creer de que el amor es la excepción: El amor viene de arriba y no conoce ningún precio, pero ¿Que crees? Tampoco hay ofertas en el amor. Si realmente quieres amor en tu vida, te darás cuenta, de que también se tiene que invertir en el amor. Invertir en ti mismo y en tus alrededores, pues el invertir, es compartir ¡El flujo del dinero, del poder y del amor no conoce excepciones, ni ofertas, ni rebajas!

14. Romance en el sufrimiento

Pregunta:
¿Se te hace romántica una relación en donde las dos partes se atraen y se rechazan entre sí?

Respuesta ideal:
No

Significado profundo:
No estás acostumbrado a recibir la energía en abundancia, y ello ocasiona que te refugies nuevamente en el rechazo y la atracción, y así, nunca la tendrás...

Otro camino muy bien recorrido hacia la carencia es el sufrimiento en el romance, y en la creencia de las "dificultades" Leemos novelas de amores imposibles, relaciones en donde uno lastima al otro, niños nacidos fuera del matrimonio, romances apasionados, la gente goza con el sufrimiento humano. Relaciones en donde se lastiman mutuamente; confirmando ambas partes que son incapaces de amar realmente, y sólo quedan peleas, infidelidades, tensiones, el lastimarse, son las batallas de odio y amor ¡De eso se trata! Entonces ¡Ahí es cuando nos sentimos vivos de nuevo! Es por eso que muchos de nosotros amamos ver la televisión, y si una persona mira una serie "romántica", donde la niebla, las bebidas y el amor son inalcanzable, nos recuerda que la vida puede llegar a ser un infierno. Otros, miran telenovelas que muestran relaciones no serias, e infidelidades entre ellos; entonces disfrutamos del dolor, vemos el romántico sufrimiento y este es el enlace al sufrimiento, el cual nos separa del amor, y del flujo del dinero, del poder y del amor. No hay nada como una pareja, en una relación la cual, no prospera y la energía negativa del odio y del amor, provoca peleas por la falta de confianza de ambas partes, y así enfrentar como un equipo, al mundo. Si se siente, esto fácil, muchos pueden llegar a creerse culpables, y si es difícil, las personas pueden llegar a pensar que se lo han ganado. La necesidad de lucha y dificultad es una ilusión.

15. Siempre buscando

Pregunta:
¿Estás en busca de la espiritualidad y/o de la abundancia?

Respuesta ideal:
No

Significado profundo:
Querer forzar la energía.

Lo mismo es el buscar amor, dinero, poder o cosas materiales (Todo es lo mismo), se trata de estar buscando una energía. Mientras estés buscando las maneras de recibir la abundancia en particular, mientras estés buscando las formas de obtener más dinero o de querer ser más poderoso, estarás caminando por el sendero de la carencia; el querer, buscar, pensar e incluso el hablar seguido de esto te aleja de una cosa: De hacerlo. No es posible "encontrar" amor en un lugar; o eres amor en ese momento, o no lo eres. El poder no está en venta, o estás en un estado de poder o no lo estás. El dinero no se puede "encontrar", o estás en un estado de abundancia o no lo estás; y en cada momento del día tienes una nueva oportunidad.

No se trata de obtener, con la abundancia cantidades de problemas o dificultades, se trata, de que puedas sentir la abundancia profundamente en tu corazón. Si descubres en ti mismo, de que tiendes a estar en busca de dinero, poder y amor, es importante que pares de hacerlo inmediatamente, La gente se pregunta seguido, el cómo es posible crearse una buena vida, y para sus alrededores, sin estar persiguiendo ni buscando; la clave está en tener un deseo, y eso es muy bueno, sin embargo, tratar de realizarlo es bastante molesto, ya que todo cambio, es una decisión.

La vida es como una pluma, cuando corres detrás de ella, y mientras hagas más tumulto, más lejos de ti volará, pero puedes decidir hacerlo de diferente forma: te mueves lentamente hacia la pluma, relajado y tranquilo; extiendes suavemente la mano, y la pluma cae por sí sola, en la palma de tu mano.

Resumen general:

Revisa tus respuestas y fíjate si coinciden con las respuestas dadas, en caso de que no, escribe ahí una nota. Cuenta las diversas respuestas.

Más de 10 puntos, caminos a la carencia:
Te recomendamos que busques rápidamente la causa, que te hace estar tan apegado a muchos caminos a la carencia. No son los caminos los que llegan a ti...es tu apego a ellos.

Menos de 10, más de 5:
Ya andas por el camino y en la dirección correcta, pero aún un poco apegado a varios caminos a la carencia. Hazte a ti mismo, esta pregunta:

¿Cuál parte de mi está todavía apegada a....?
(...es la ruta adecuada al camino de la carencia).

Menos de 5 puntos, caminos a la carencia:
Vas muy fuerte en el camino, paseas ya, por una parte en el camino de la abundancia. Tus apegos a la carencia ya desaparecieron dos terceras partes, ahora la última parte es el coraje...cuando en los momentos de estrés, de cargas emocionales y viejos bloqueos regresan nuevamente; ahí es cuando tienes la oportunidad de crecer y seguir más lejos.

LOS CAMINOS DE LA ABUNDANCIA

Una vez más, es importante de recordar y de reconocer que no hay caminos a la abundancia: ¡O caminas dentro de la abundancia o no! Al decir "el camino a", te refieres a que te estás dirigiendo al camino hacia algo, y simplemente "caminando en" significa que ya lo estás caminando ahora.

Los caminos aquí descritos, reconocen la situación natural de abundancia, la cual nosotros los seres humanos, encontramos por nosotros mismos. Se encargarán de que seas capaz de limitarte a ti mismo, de las formas como lo solías hacer. Los temas que vienen de aquí en adelante, son de igual importancia. No están enlistados en ninguna orden en particular.

1. Creando pensamientos

Son muy pocas personas las que, nunca han escuchado del poder del pensamiento positivo. ¿Por qué es tan importante pensar positivamente? Pensar positivamente significa finalizar con el pensamiento negativo, es decir que paras de caminar, por el camino de la carencia por medio del pensamiento positivo, estás incluso diciendo "no veo ninguna razón para ver todo con una luz negativa porque sé que merezco la abundancia." ¡Por eso es muy importante de pensar positivo! Todo lo que pienses tiene un gran efecto en el flujo del dinero, del poder y del amor. Si dices: "no se si puedo hacerlo", todo el poder fluye fuera de ti instantáneamente, y se detiene. Por otra parte si dices: "puedo hacerlo", tu actitud mantiene una promesa en sí misma. En ese caso hay amor, dinero y poder. Es precisamente esta actitud la que hace empezar a mover al flujo ¡En ese momento tienes algo para compartir con los demás! El efecto del pensamiento positivo llega mucho más lejos que la mente propia. También influye completamente en tu estado mental, e incluso en tu salud física y en tu inmunidad. Al momento de decir la frase "no se si puedo hacerlo", tu poder, fluye fuera de tu cuerpo literalmente. Incluso te vuelve más débil psicológicamente. Si dices la frase "puedo hacerlo", te vuelves mental y psíquicamente más fuerte, también te vuelves más resistente a las enfermedades, al estrés y a todo lo que pueda aminorar tu constitución psíquica y mental.

El pensar positivo es en ocaciones malentendido, como si se pudiera tener todo lo que quieres, solamente por el simple hecho de que lo quieres; eso es totalmente incorrecto, mientras más digas "quiero felicidad" o "estoy en busca de la felicidad", será menor la oportunidad de que la tengas, por que la idea "quiero" es la manera más poderosa de convencer al cosmos, de que no lo tienes. Lo mismo aplica en las ideas como: "espero", "creo que", "deseo", "quiero", y todo lo demás que esté referido al futuro, y no esté tomando lugar en el aquí y en el ahora. Entonces mientras digas más palabras que remarquen que no lo tienes en el ahora, "empeoras" las cosas. Incluso cuando estés en el proceso de reconocer a la abundancia del dinero, del poder y del amor, y al pensar positivamente estás reconociendo la presencia de la abundancia. El pensar positivamente se expresa por si solo, con palabras como: "estoy feliz" "siento amor" y "tengo abundancia". Desde luego, puede parecer extraño decir que lo sientes, cuando a lo mejor en otra ocasión te sientes totalmente diferente, quizás hasta te puedas llegar a sentir lastimado o con dolor; preferentemente hay que decir en voz alta que eres feliz, aunque en tu interior sientas soledad y angustia, se puede llegar a sentir extraño e irreal, pero, de todo eso se trata. Al momento que lo haces, algo sucede en la parte más profunda de tu ser, en cada célula de tu cuerpo, todo al mismo tiempo. Como resultado estás abierto para recibir a la abundancia del amor, dinero, poder y cosas materiales. Y para dejar perfectamente claro lo que dices, puedes pegar esta frase en cada deseo que le mandes al cosmos: "de eso, el cosmos se encargará".

Ejercicio:

El siguiente ejercicio te dará una mejor visión. Es muy importante saber que una manera de pensar conlleva a un estado de carencia o de abundancia. Escribe abajo en el ejemplo algo como "quiero amor" o "estoy en busca de la espiritualidad" etc.

Después cambia la frase de esta manera:

El cosmos se encargará de que tu continúes …………
…………… mientras vivas.

Llena en la primer linea punteada el verbo que hayas usado como: quiero, deseo, busco espero, tener, ser, sentir, etc.
Llena en la segunda linea punteada lo que querías en tu enunciado. Si tu ejemplo fue: "Quiero felicidad", lo que obtienes es: El cosmos se encargará de que continúes siendo feliz mientras vivas.

Este ejemplo muestra claramente que estás óptimamente en un estado de felicidad, simplemente ser feliz, sin estar deseando siempre, estarlo. Todo tipo de trabajo, esperanza o sueño en el cual su realización está en el futuro, se encargará de que no lo obtengas. Para trabajo y sueños nos referimos a verbos como: querer, esperar, desear y buscar. Entonces recuerda: Las palabras que se caractericen en el aquí y en el ahora como tener y ser, crean abundancia.

2. La atención permite crecer

A todo lo que le apliques atención crece. "A todo lo que le demos atención" merece una mirada más de cerca, ya que, la explicación e interpretación de la palabra "atención" es importante.

Creemos muy a menudo en cosas, que pensamos que

son importantes, a veces reafirmamos nuestros deseos, todo el día; el hablar de ello, es también un pasatiempo favorito, especialmente en: fiestas, reuniones y en bares. (esta no es la atención a la que nos referimos) Puedes pensar años en algo ¡Incluso hablar de ello, todo el día, sin nunca realizarlo! La "atención" va mucho más lejos, que el pensar y hablar sobre algo.

La verdadera atención es el movimiento de energía de un punto hacia otro, desde ti hacia lo que te parece importante.

La energía de la atención es idéntica a la energía de la que hemos estado hablando, la energía del poder, del dinero y del amor. El dar un poco de atención, es dejar crecer algo, como el darle agua a una planta, el hablar de la planta por mucho tiempo y pensar en ella no ayudará que crezca ni un centímetro, sólo una verdadera acción, por ejemplo: dando alimento, hará crecer a la planta, así pasa en la vida, tendemos atesorar lo que creemos que puede ser utilizado como: el dinero, el poder y el amor, y lo queremos guardar. ¿Por qué? "Bueno, nunca sabes". Solo imagina: ¿Qué tal si tu idea es errónea? ¿Qué tal si ella después de todo no es tu amor verdadero? ¿Qué tal si fue una mala idea, el poner toda tu energía y poder en aquél proyecto? ¿Qué tal si fracasa tu plan de negocios y pierdes todo ese dinero? ¿Qué tal si….?

Mientras estés preocupado por cosas que puedan llegar a

pasar, ("que tal si"), y como resultado no vas por lo que quieres conseguir, el flujo de la energía se estancará hasta que llegues a tomar una decisión; le estás dando energía a tus dudas en lugar de darle éxito a tus ideas. Si confías y crees incondicionalmente en algo o en alguien, es importante ir por ello al cien por ciento, sin reservas y sin querer jugar a lo seguro. Eso significa de que tienes que ponerle a aquello: dinero, poder y amor ¡A cualquier cosa que le pongas energía crecerá!.

"A todo lo que le pongas atención crecerá" es uno de los caminos más poderosos a la abundancia. Te da la oportunidad cada día de escoger y de darle un poderoso impulso a lo que es importante para ti. Cuando se aplique esta ley natural, es muy importante recordar que se trata de las tres formas de energía, no solo de una o dos de ellas. Todo se trata del balance. Un balance en la relación fundamental del dinero, del poder y del amor, pero también un balance en la relación entre lo que esperabas de un proyecto, en la cantidad de energía que le pongas y de lo que pudiste haber invertido.

3. Sigue tus metas más grandes

En todo lo que hagas, es necesario de que le seas fiel a tus ideales, ser fiel a lo que tu sientes, es lo más importante para ti en esta vida. Tus metas más grandes, no son necesariamente lo mismo que hacer lo que tu quieras. "Haz cualquier cosa que te haga sentir bien y no hagas algo que no te haga sentir bien", sin embargo, eso pudo haber sonado un poco espiritual, a menudo, se reduce el esquivar tus propios bloqueos, evitando confrontaciones contigo mismo y con otros, cumpliendo tus expectativas propias y la de tus alrededores.

El mantenerte fiel a tus metas, significa tomar el reto de cumplir las metas de tu espíritu. ¿Por qué estás en la tierra?, ¿Cual es tu misión aquí?, ¿Por qué escogió tu espíritu que estés aquí y ¿Qué vivencia necesita experimentar? Esa es la meta más grande de tu alma.

Es muy útil en tu vida, el tomarte un momento de descanso, (éste no es más que sólo una corta pausa, entre dos tazas de té) para meditar, o por ejemplo, un tratamiento de Reiki que permitirá mirar dentro de ti, y preguntarte cuál es tu meta más grande.

- ¿La vida que estoy llevando es mi meta más grande?
- ¿Es mi trabajo actual mi meta más grande?
- ¿Es mi relación actual mi meta más grande?
- ¿El entorno que escogí es mi meta más grande?

Las respuestas a estas preguntas, harán que llegues más fácil a tu meta más grande, y de ahí te conducirá por el camino de la abundancia.

4. Respeto

Hemos ahora examinado numerosos caminos a la abundancia, y de mantenerte en un lugar especial dentro del dinero, del poder y del amor, porque ello trae dos cosas:

- Vivir con respeto cambia tu campo de energía, tu forma de ver la vida; de tal manera que serás capaz de reconocer las formas de la carencia mucho más fácilmente.

- Te da una herramienta ideal para mantener lo que tienes, y lo que tiene valor para ti.

El respeto mantiene en balance al flujo de la abundancia y del amor en todas sus formas

El respeto es la manera de conservar la cantidad que tienes. No por miedo, porque entonces detendrías el flujo, si no por amor. ¡Al respetar todo tu alrededor, seguirá fluyendo el dinero, el poder y el amor! El respeto es subestimado por muchos, la gente dice "yo respeto todo", pero en la vida diaria el respeto es condicional en muchas ocaciones, seguido la gente respeta a otros solamente porque algo adquirieron de ellos: por su posición política, por negocios, o por lo que sea. La sorpresa es que, el respeto tiene literalmente, que ser incondicional en todo momento. El respeto abarca todo. (la gente tiende a tomar esto a la ligera) Pero, el respeto merece realmente un espacio central en nuestras vidas y en la manera en la que nos dirigimos a otros; Estamos hablando de respetar a toda forma de energía:

- La energía de los seres vivos.

- La energía del poder, del dinero y del amor en cada forma.

- La energía de cada "empresa".

El respetar a los seres vivos: a la gente, a los animales y a las plantas (de cualquier forma y tamaño) Respeto a la gente…aunque tengan una manera de pensar totalmente ortodoxa, o se comporten diferente, o tengan diferentes valores a los tuyos; quizás podrás pensar "Bueno, lo haré", y desde ese momento crees que todo está bien; no te atreves a criticar de ninguna manera, y esto no tiene nada que ver con el respeto, si no que esa forma de pensar te lleva al desinterés, indiferencia y a olvidar a menudo tus propios valores. El respeto a alguien significa que puedes honrarlos como personas, aún si llegaran a tener valores o ideas con las cuales no estás de acuerdo. Si así fuera el caso, tienes todo el derecho de decirlo y de dejar claro qué es lo que piensas. De lo contrario no te respetarías a ti mismo.

El respeto al dinero, al poder y al amor se refleja en cada aspecto de nuestras vidas: el agradecer a la empresa que paga tu salario, es una poderosa forma de respeto, el ser feliz por cada centavo que llega a tu camino (sin importar cómo demostrar respeto) pagarle a alguien de una forma honorable, sin indiferencias, sin burlas y sin pena, es una forma de respeto a la energía del dinero, al pagar tu renta, o al dejar una propina en un restaurante, todo ello se trata de la intención y la medida de respeto, al hacerlo. El respeto al dinero también aplica en los ahorros o en las inversiones, el no disfrutar de tus ahorros, es una falta de respeto, no tomar acción alguna cuando el mercado está en declive, es una falta de respeto. Respeto también significa el realizar acciones cuando el dinero, el poder y el amor amenacen de resbalarse entre tus dedos.

El respetar al poder tiene que ver, con atreverse a permitir sacar tu fuerza interna, también es el ser feliz, de saber que otras gentes pudieron encontrar su fuerza interna, el respeto al poder, es también confiar en el poder en si mismo, y de atreverse a no ser manipulador, el respeto al poder, significa también, conocer el valor de tu salud y de tu cuerpo, y de tratarlos con respeto.

El respeto al amor...a tus amigos, a tu pareja, a tu trabajo, amor a tu casa, a tu entorno y a tu país. El tener respeto al amor, significa respetar el amor que compartes con alguien, o al amor por algo, también significa respetar la relación que otros compartan. No empieces una relación con alguien que ya tiene una pareja, de lo contrario, no estás respetando la relación de la otra persona, y ¡No podrás reconocer tu derecho a una relación sincera y genuina! El tratar de robar clientes a otras personas, hay claramente una falta de respeto; es simplemente lógica, irías detrás de los clientes de otros si solamente estuvieras enfocado en la carencia, ¿Temes de que no quede suficiente para ti?

El respeto es también relevante en cada empresa, (una empresa no es nada más un proyecto o un negocio) todo lo que emprendas cae dentro de esa categoría. Desde ese punto de vista, está claro que incluso, en una relación, el deseo de tener un hijo, o el deseo de crear un hogar; todo eso es igual que emprender una empresa. Una empresa es incluso un proceso espiritual, para crear algo con amor, y con toda intensión.

El respeto entrará a tu vida,
una vez que hagas todo con amor y con atención
¡En lugar de hacerlo con indiferencia!

El respeto, es también un factor importante en tu interacción con otros, cuando se trate de dinero, de poder y de amor. Tú sabes que el poder, el dinero y el amor no son factores, que solamente suceden o aparecen en tu vida, así de la nada, o que desaparecen "por casualidad." Sabes también que el andar por los caminos de la abundancia, y el evitar andar por los caminos de la carencia, es un proceso de crecimiento personal, y que este proceso se puede reforzar o detener ¡Por eso se llama proceso de crecimiento! Respetar el camino personal de los demás, sin importar incluso lo que estén diciendo o haciendo, no hay ni buenos ni malos; solamente hay crecimiento y experiencia. Enseñar y ayudar a los demás, acerca de las leyes naturales de la energía del dinero, del poder y del amor, es la mejor acción que puedas realizar, con respeto, durante el proceso, en donde los demás se encuentren a si mismos y por las decisiones que lleguen a tomar.

Preguntas más frecuentes

¿Hay alguna diferencia entre poder y fuerza?

De hecho no la hay. La fuerza y el poder, están obligados a "conducir" sus vidas y las de otros, para ayudarles a hacer grandes cosas.

Algunos tienen la necesidad de un "poder", que no tiene nada que ver, con el poder real; porque viene del miedo, y a veces ligada a la superioridad. Este poder no funciona realmente, pues carece de integridad y es corrupto. El reto es estimular el poder en ti mismo y en los demás, sin abusar de la fuerza que puede traer el poder …

¿Cómo reconoces a un problema del flujo?

Se puede fácilmente reconocer por características externas, como: el quejarse, el forzar una opinión o proyecto, hecharle la culpa a otros, en no pensar mucho y el darle mucha importancia a las redes. Lo reconocerás desde un caos: caos y disturbios en las relaciones, en las finanzas y en la salud.

¿Cómo saber si estás comenzando un proyecto desde unas bases saludables, o desde el miedo?

Si el proyecto te llena de amor en lugar de fanatismo, si todo toma su lugar sin tener que forzar todo, si le das al proyecto más poder de lo que necesita, para hacerlo triunfar, si en tu tiempo libre sonríes al pensar en tu proyecto, si se siente bien, sin tener estrés ni palpitaciones en el corazón, si no tienes oposiciones o sin tener que pensar en tácticas para atraer gente dentro de tus planes, y para que ellos ya no tengan que ser atraídos, no sientes la avaricia o el miedo a la carencia de otros. Si dejas todo esto atrás, ¡Llenarás literalmente de amor tu proyecto!

¿Cómo puedo armonizar el proceso de la práctica del amor, del dinero y del amor, con el principio de separación?

Por muchos años una separación ha sido interpretada de muchas varias diferentes; si dices frecuentemente que te quieres separar de todo, puedes estar seguro de que el cosmos cumplirá tu deseo. El separarse tiene como significado, el desprendimiento de la importancia de un resultado. El estar enfocado a un resultado significa miedo, pero también, puede ser algo que te de alegría. El separarte no implica, que seas miedoso o avaro. Las personas que no tienen integrada la forma externa del dinero, del poder y del amor, harán lo que sea ¡Con amor y alegría! Eso no significa que tengas que evadir totalmente contacto con esta energía. Eso es solamente evadir tus responsabilidades; y significa de que te atrevas a empezar una relación con el dinero, el poder y el amor, de que te conectes con el flujo, sin tenerte que aliar con la forma externa volviéndote un temeroso, o perder la forma sin egos, ni avaricias. Es importante también, de saber que tú puedes desprenderte de algo, si es que estabas adjuntado o adherido a él. Solamente puedes liberar algo, solo si primero lo has tenido.

¿Qué tal invertir dinero, en el mercado de valores? ¿Está bien hacerlo con este método, y por qué una persona triunfa más que la otra?

Está bien invertir, usando este método. Si realmente tenemos en consideración a las leyes naturales del dinero, del poder y del amor, será entonces, que la lógica solamente es la que trabajará de acuerdo con estas leyes. El invertir en lo que sea, es uno de los retos de nuestras metas: evaluar las leyes del dinero, del poder y del amor. Cuando inviertes, no solamente inviertes dinero sino que también amor y poder. Entonces, la primera pregunta que te tienes que hacer es, si la empresa o proyecto en el que quieres invertir ¿Valen la pena para meter tu dinero, tu poder y tu amor? ¿Sientes amor por esa empresa? ¿Sus metas y valores, son iguales a los tuyos? ¿Esa empresa u organización cumplen con tus estándares?, entonces desde ese momento, ya ganaste en tu inversión. Tu le has dado una oportunidad a la empresa en términos de tu inversión, al darle a la empresa el impulso y de compartir tus ideas con la gente a tu alrededor. Esto también explica el por qué les va mejor a los inversionistas de la primera hora que a los "seguidores." Cuando un país sufre un desastre, o su economía va de bajada, o en picada, llega un momento en el cual un grupo selecto de gentes, están preparadas para liderar este grupo de personas saben que están tomando un gran riesgo, ya que para ellos no se trata solamente de dinero (normalmente ellos ya lo tienen en grandes cantidades;) se trata de aceptar responsabilidad por el país, por cada uno de sus habitantes. Estas personas reúnen valores y empiezan a invertir. El resto del país observa esperando, manteniendo la respiración, para ver qué es lo que va a hacer el mercado de valores. Si las cosas mejoran, es cuando el grupo de en medio, se atreve a dar el paso hacia dentro. Este grupo de en medio, también tiene ideas nobles, pero carecen de ese extra de valor. El primer grupo que tomó la iniciativa, le está dando al grupo de en medio el valor para salir de sus miedos y hacer lo mismo. El resto del país observa esperando, (manteniendo la respiración) para ver qué es lo que va a hacer el mercado de valores...Finalmente, el último grupo sigue a las masas. Este último grupo no tiene ningún motivo claro, que envuelva al dinero, al poder o al amor, pero miran principalmente las tasas del pasado, las actuales y lo que van a hacer en el futuro. Entonces el último grupo considera solamente el aspecto del dinero y de lo que pueden obtener de él; como sabrás ahora, esa actitud no tiene nada que ver con compartir, sino solamente de tomar. Este grupo, también será el primero en retirarse cuando sus ganancias sean decepcionantes, porque en las bases de su inversión no hubo amor alguno ni pensamientos de abundancia sino que solo lo opuesto, miedo y pensamientos de carencia.

Cada inversión funciona de acuerdo a las tres leyes naturales del dinero, del poder y del amor, incluso si decidieras invertir en un país del tercer mundo, puedes hacerlo si nace por el amor a su gente, a su país o por los negocios u organización en los cuales llegues a invertir. De esa manera serás siempre un ganador incluso cuando las ganancias decepcionen. ¡Invertir es compartir!

¿Por qué a algunas compañías les va tan bien, incluso cuando no parecen servir a ninguna buena causa, más que solamente hacer negocios?

El término "buena causa" es interesante: Una buena causa es de hecho, el seguir tu meta más grande, eso, a lo que le puedes poner todo tu amor. Por ejemplo, una gran compañía innovadora como Apple, miras al presidente-director dando un discurso en donde habla de su más nuevo producto, y verás cómo informa a su audiencia sobre su recién nacido, sobre su "niñito"; esa persona no está vendiendo un producto, está vendiendo amor puro. Claro que aquí estamos hablando de personas como tú y yo, y también él conocerá tiempos en donde el amor, el dinero y el poder están totalmente en balance, y tiempos en donde es menor el caso. La intención de una empresa u organización es más amor, de lo que puedas llegar a pensar.

¿Tienes siempre que recibir un intercambio de energía en tu trabajo, o puede ser una vocación?

Nos damos cuenta que mucha gente, hoy en día separa la idea del trabajo el cual se realiza para ganar el pan de cada día, y la del trabajo por vocación o por llamado. El pensamiento que está detrás de este último, es del que no es necesario ser pagado, "Es en todas formas una vocación". La división entre trabajo y vocación es una ilusión. Todo trabajo es una vocación; con cada tipo de trabajo, debemos tenerle respeto al flujo del dinero, del poder y del amor; de lo contrario, habrá un día en que un grupo de personas quizá trabajen solamente por dinero, y otros realicen su trabajo por vocación; hoy en día, a la sociedad le parece que los trabajos que están involucrados con la espiritualidad o con el aspecto divino son los peores pagados, mientras que diversos tipos materiales, hechos en formatos de televisión o programas, (están, hasta los extremos) las drogas y el sexo son muy bien pagados y le cuesta más a las personas de presupuesto medio: Maestros espirituales, iglesias y trabajadores sociales son mal pagados y no de buena gana, y aveces se tiene que hacer, por costumbre, o por un persistente sentimiento de culpa. Esto dice mucho de los valores de hoy, después de todo, todo a lo que tú le das atención crece y a lo que ignores no, pues, al mantener la división imaginaria entre trabajo y vocación, le estás dando atención a las profesiones que están solamente "por el dinero" e ignoran lo de las vocaciones de la vida; ya que hay granjeros, panaderos, artistas y dentistas quienes realizan con honor, sus habilidades y artesanías, y con el sentimiento de que son sus metas más grandes en la vida. El tener vocación, y un intercambio saludable de energía ¡Van perfectamente juntos!

Si el dinero, poder y amor son una sola energía, ¿Por qué los niños nacidos en abundancia de dinero, de poder y de amor tienen, frecuentemente muchos problemas?

Si vemos a niños que son hijos de personas adineradas, estrellas de cine o dueños de Industrias, captamos frecuentemente, que en lo cierto, las cosas no van bien; nacen con muchos privilegios, sin embargo, no es eso, lo que siempre experimentan estos niños. La atención, el poder y las grandes cantidades de dinero son muy difíciles de controlar. Muy a menudo existe la falta de conciencia que se necesita para tomar completamente una responsabilidad.

¡El dinero, el poder y el amor, no son nada más que formas diferentes de lo mismo!

¡Entonces dichos niños, nunca aprendieron a manejar toda la energía! No han vivido con sus padres conscientemente, el proceso de aprendizaje, de cómo trabajar la energía.

Puedo aceptar este método, pero sigo pensando en el hecho, de que la gente con mucho dinero puede cambiar repentinamente.

Cuando alguien de tus alrededores, repentinamente se hace de mucho dinero (o poder, o amor), te darás cuenta de qué, y quién realmente es esa persona; puede que te sorprendas, pero todo lo que ahora le ves ¡Ya lo tenía antes! Por ese lado puedes agradecerle verdaderamente al dinero, por que no hay nada que haga a la gente más honesta consigo misma! La gente puede progresar realmente si tiene más dinero, buscar en lo más profundo de sus vidas, y con sus grandes bienes materiales pueden invertir más tiempo a sus relaciones y amigos. Por el otro lado, también ves a la gente cambiar, pero de una manera que no es positiva.

Si todo es una sola energía y nadie se vuelve pobre ¿Por qué más bien es un intercambio de energía, y entonces puedes cobrar lo que sea por tus servicios o productos?

Un intercambio significa que tienes que entregar algo a cambio, con el mismo valor de lo que recibiste. Existen terapeutas e instructores que cobran una tarifa alta y otros una tarifa baja por hora. ¡Si eliges cobrar, la tarifa alta, entonces tienes también que entregar un gran intercambio de energía! Eso es generalmente el caso en la práctica, pero no siempre. Los gerentes de grandes compañías y organizaciones, atletas profesionales, actores, músicos entregan normalmente esa calidad, ese intercambio en los primeros años, pero en un cierto punto ellos lo olvidan y paran, pues cuando hay éxito, es un reto el seguir respetando el intercambio de energía. Cada forma de intercambio ya sea de dinero, de poder o de amor, requiere de total atención y respeto. Entonces la respuesta es Sí, si eres capaz de entregar la misma proporción (no existe ningún máximo).

Ya invierto mucho en el amor y no ayuda en nada. ¿Cómo puede ser posible?

Esta frase: "invertir en el amor" no existe, pues tú ya eres amor. Lo que si existe es el invertir en ti mismo, para después compartirlo con otros, así estarás compartiendo con tus alrededores lo que tú eres y sobre todo quién eres, aunque lo que seguido vemos es a gente que "invierte en el amor", principalmente, terminan compartiendo de si mismos, su sacrificio y falta de amor en sus alrededores. Para ser honesto, nadie ama o respeta la carencia de amor o el sacrificio en uno mismo, sin embargo, hay bastante gente a la que le gusta eso en particular, una relación formada con esas bases, nunca estará satisfecha; ejemplo puedes formar una relación amorosamente hermosa y empezar a ser, como a ti te gustaría que la otra persona fuese: Trabaja en ti mismo, disfruta, permite a ti mismo una vida de abundancia, y empieza a compartirlo con los demás.

Pero ¿Hay personas, las cuales, no tienen ninguna oportunidad?

No todos tenemos el mismo comienzo en la vida, ¡Esto es un hecho! Puede ser que una persona, quien lleva ventaja en la vida, en relación con otras personas, quienes tienen que darse cuenta del amor y de la abundancia desde una situación de carencia. Una persona crece en un hogar con un padre abusivo y con una madre alcohólica, y alguien más en un ambiente protector: con la mesa llena, y un automóvil caro por la carretera. La primera, la etiquetamos muy rápidamente como una situación con privaciones, y la otra como afortunada, estas etiquetas son engañosas. Es una batalla interna la que parece haberse perdido desde el principio. Ese sentimiento interno de carencia siempre será un freno para el crecimiento de una persona. Sea cual sea tu empiezo en la vida, cada persona tiene una oportunidad. Se trata de liberarte a ti mismo del sentimiento de probarte, o del sentimiento de que eres un perdedor o inferior, sin evitar ni negar tu origen. ¡Todos tenemos muchas oportunidades, solamente son diferentes! La trampa en la cual muchos caemos, es la de culpar a otros de las situaciones por las que pasamos y constantemente usarlo, como excusa de nuestras acciones. Incluso aunque sea verdad de que no tuviste un buen comienzo en la vida, al estar viviendo con esa idea no cambiarás nada, incluso al hacerlo solamente refuerzas tu situación y te niegas a ti mismo todas o cualquier oportunidad! En cambio si te enfocas en cualquier, cosa crecerá.

"Es tu mente la que crea tu mundo."

Buda

CONCLUSIÓN

Puertas pequeñas conducen a espacios grandes, y en cada gran viaje se comienza con el primer paso.

Cosas grandes empiezan pequeñas...

Steve Jobs, el director más importante de Apple, la compañía de computadoras y software más innovadora del mundo, no comenzó con nada...solamente con una idea. Nelson Mandela tuvo solamente una visión, y estuvo en un estado muy fuerte para compartir poder y amor. Gloria Estefan empezó también casi con nada, y fue su fuerza interna y su amor por la música lo que la trajo a donde ahora se encuentra. La creadora de Harry Potter era una madre soltera, quién escribió su primer libro en la esquina de un pequeño Café (por que no tenia dinero suficiente para pagar su propia luz o calefacción...) Warren Buffet, el inversionista más grande del mundo, desde que era un pequeño niño comenzó su amor por la lectura, vendió artículos de puerta en puerta y a sus 11 años compró sus primeras acciones. Después estaba tan convencido de su visión, que abrió un fondo de inversión en donde él mismo metió ahí todo su capital acumulado; Se atrevió a ir con todo con el corazón y alma sin limitaciones.

El poder y el amor, la llevó y permitió empezar el flujo. (Al igual que a los anteriormente mencionados)

Entonces nosotros debemos tomar en cuenta estos principios, las leyes naturales del dinero, del poder y del amor; Cuando compremos productos, salgamos a comer, al empezar nuevas relaciones o al mantener viejas amistades, debemos hacerlo de manera en la que el dinero, el amor y el poder se mantengan en balance, significa además que el balance, está en las personas, empresas y organizaciones, es fácil ver de que trabajan y viven, desde este nivel de respeto, eso preferimos...

También las desiciones importantes en nuestras vidas son basadas en estas tres leyes naturales. ¿Está el dinero, poder y amor en balance? ¿Están siendo respetadas las tres formas? ¿Este plan hará comenzar el flujo?, ¿Se está recibiendo, usando y pasando en balance? Y además nos preguntamos si nuestra vida, está en plena armonía con nuestros ideales.

También tú lector, ¿Estás en un estado completamente diferente de ver la energía del dinero, del poder y del amor y en tomar más responsabilidad de otra forma?
El conocimiento de las tres leyes naturales te permitirá mejorar tus situaciones respecto a tu salud, tu relación amorosa, tus amistades y a tus finanzas.

Haz del mundo un mejor lugar que antes

No se trata solamente de dinero, amor y poder, sino que también se trata de la calidad y balance del todo.

Reflexión

Hemos experimentado que las personas que viven de acuerdo con las leyes naturales, y que han logrado un grado de equilibrio, sus momentos de paz interior, reflexión y curación se incorporan a sus vidas.

La vida particularmente según este método, es una gran aventura espiritual, y creemos que el apoyo interno es siempre bienvenido. Cualquier técnica que lleve a la paz interior y al proceso de crecimiento espiritual, de curación y los nuevos conocimientos son apropiados; lo que sea: un rezo profundo a la meditación, yoga, shin-do® o Reiki. Personalmente usamos para ésto la técnica original de Reiki y Shin-do®. Nuestras reflexiones diarias nos dan nuevos conocimientos y nos permiten continuar manteniéndonos con nuestra "verdad interna."

Los autores

Como consejeros metafísicos y espirituales, Bas Buis y Sunny Nederlof, inspiran a sus estudiantes y a los participantes de sus cursos: en el campo del crecimiento, curación y de sabiduría interna. Son los fundadores del conocido centro Nederlof Centrum y del Reiki-Instituut en Holanda. Ellos trabajan en Holanda y en España y son regularmente invitados a diversos países.

Sus actividades se relacionan con:
dar clases de Reiki, AuraTouch®, Shin-do®, y de transmitir los conocimientos del libro de la abundancia; dinero, poder y amor.

Han escrito anteriormente:

- Complete Handboek Reiki (Holandés)
- Book of Abundance, Money Power Love (Inglés)
- Boek van Overvloed, Geld Kracht Liefde (Holandés)
- Das Buch vom Überfluss, Geld Kraft Liebe (Alemán)